Comment vendre sa salade !

**Catalogage avant publication de Bibliothèque
et Archives nationales du Québec et Bibliothèque
et Archives Canada**

Bourgeois, Guy

    Comment vendre sa salade?

    2e éd.

    (Collection Psychologie)

    ISBN 978-2-7640-1489-9

    1. Vente – Aspect psychologique. 2. Succès dans les affaires. 3. Communication persuasive. I. Titre. II. Collection: Collection Psychologie (Éditions Quebecor).

HF5438.8.P75B68 2009   658.8501'9   C2009-941045-1

© 2009, Les Éditions Quebecor
Une compagnie de Quebecor Media
7, chemin Bates
Montréal (Québec) Canada
H2V 4V7

Tous droits réservés

Dépôt légal: 2009
Bibliothèque et Archives nationales du Québec

Pour en savoir davantage sur nos publications,
visitez notre site: www.quebecoreditions.com

Éditeur: Jacques Simard
Conception de la couverture: Bernard Langlois
Illustration de la couverture: Dreamstime

Imprimé au Canada

Gouvernement du Québec – Programme de crédit d'impôt pour l'édition de livres – Gestion SODEC.

L'Éditeur bénéficie du soutien de la Société de développement des entreprises culturelles du Québec pour son programme d'édition.

Nous reconnaissons l'aide financière du gouvernement du Canada par l'entremise du Programme d'aide au développement de l'industrie de l'édition (PADIÉ) pour nos activités d'édition.

DISTRIBUTEURS EXCLUSIFS:

• Pour le Canada et les États-Unis:
MESSAGERIES ADP*
2315, rue de la Province
Longueuil, Québec J4G 1G4
Tél.: (450) 640-1237
Télécopieur: (450) 674-6237
* une division du Groupe Sogides inc.,
filiale du Groupe Livre Quebecor Média inc.

• Pour la France et les autres pays:
INTERFORUM editis
Immeuble Paryseine, 3, Allée de la Seine
94854 Ivry CEDEX
Tél.: 33 (0) 4 49 59 11 56/91
Télécopieur: 33 (0) 1 49 59 11 33

**Service commande France
Métropolitaine**
Tél.: 33 (0) 2 38 32 71 00
Télécopieur: 33 (0) 2 38 32 71 28
Internet: www.interforum.fr

**Service commandes Export –
DOM-TOM**
Télécopieur: 33 (0) 2 38 32 78 86
Internet: www.interforum.fr
Courriel: cdes-export@interforum.fr

• Pour la Suisse:
INTERFORUM editis SUISSE
Case postale 69 – CH 1701 Fribourg –
Suisse
Tél.: 41 (0) 26 460 80 60
Télécopieur: 41 (0) 26 460 80 68
Internet: www.interforumsuisse.ch
Courriel: office@interforumsuisse.ch

Distributeur: OLF S.A.
ZI. 3, Corminboeuf
Case postale 1061 – CH 1701 Fribourg –
Suisse

Commandes: Tél.: 41 (0) 26 467 53 33
Télécopieur: 41 (0) 26 467 54 66
Internet: www.olf.ch
Courriel: information@olf.ch

• Pour la Belgique et le Luxembourg:
INTERFORUM BENELUX S.A.
Fond Jean-Pâques, 6
B-1348 Louvain-La-Neuve
Tél.: 00 32 10 42 03 20
Télécopieur: 00 32 10 41 20 24

Guy Bourgeois

Comment vendre sa salade !

Pour tous ceux qui veulent se vendre

2e édition

LES ÉDITIONS
Quebecor
Une compagnie de Quebecor Media

*Je dédie ce livre à mon père, qui,
au tout début de ma carrière de motivateur
et de formateur, m'a dit, le soir avant sa mort :
«Bonne chance avec tes affaires de
motivation, mon homme!»
C'est la dernière fois que nous
nous sommes parlé.*

Remerciements

Je tiens à remercier particulièrement ma conjointe Myriam, pour son soutien et pour avoir corrigé les multiples fautes de mon manuscrit; mes trois enfants, pour leur amour et pour leur appui indéfectible; Alain Samson, pour la rédaction de la préface et ses judicieux conseils; et mon éditeur, pour son ouverture d'esprit.

Préface

Le mot «vendeur» et le verbe «vendre» ont eu mauvaise presse dans l'opinion populaire au cours des dernières années. Qui n'a pas entendu des expressions comme «Bon vendeur, bon menteur»? Qui n'a pas raconté une blague sur les vendeurs de voitures d'occasion? (Heureusement que les politiciens sont là pour éviter que ces vendeurs se retrouvent derniers dans les sondages sur la crédibilité!)

Pourtant, la vente n'est-elle pas une activité tout à fait naturelle? Je rencontre régulièrement de nombreux entrepreneurs qui doivent vendre leurs produits ou leurs services afin que leur entreprise continue de fonctionner, mais qui refusent ou n'osent pas les offrir aux clients qui en auraient besoin. S'ils sont devenus libraires, c'est parce qu'ils aimaient lire des livres, pas les vendre! S'ils sont devenus entrepreneurs en construction, c'est parce qu'ils aimaient la menuiserie, pas la vente! S'ils sont devenus consultants en gestion, c'est parce qu'ils aimaient, par exemple, tout ce qui touche à la qualité totale, mais de là à vendre leurs services...

Qu'elles le veuillent ou non, toutes ces personnes se trouvent tôt ou tard confrontées à la réalité: pour rester en affaires, il faut vendre. Et on aura plus de succès si on apprend à aimer cela... Mais la vente n'est pas l'apanage des gens en affaires. Si nous ne souhaitons pas demeurer de simples pantins victimes de l'environnement, nous devons tous nous vendre, chaque jour.

C'est la raison pour laquelle je suis content de signer la préface du livre de Guy Bourgeois. Il vous expliquera que nous devons tous vendre et que c'est l'une des activités les plus naturelles qui soit. Il transformera ce que vous percevez comme un mal nécessaire en outil de réalisation personnelle.

J'espère que les libraires ne se contenteront pas de mettre ce livre dans le rayon «Vente» de leur commerce. Il devrait se retrouver dans le rayon «Carrière», parce que tout aspirant à un poste dans une entreprise doit savoir se vendre s'il souhaite vraiment décrocher le job ; dans le rayon «Couple et sexualité», parce que tout amoureux potentiel doit se vendre s'il souhaite gagner la flamme de l'objet de son désir ; dans le rayon «Communication», parce que communiquer c'est vendre ; et dans le rayon «Société», parce que la survie de plusieurs associations réside aujourd'hui dans leur capacité de vendre leur raison d'être à l'opinion publique.

J'espère finalement qu'il se retrouvera dans votre propre bibliothèque, cher lecteur. Que ce soit votre premier ou votre énième livre sur la vente, il suffit d'une seule phrase pour que vous en retiriez une plus grande efficacité dans tous les domaines de votre vie.

Tous les jours, vous devez vous vendre. Tous les jours, vous devez faire en sorte que des gens vous disent oui. Commencez à mieux vendre votre salade dès aujourd'hui.

Alain Samson
(auteur de *Persuadez pour mieux négocier !*)

Introduction

Nous avons tous une « salade à vendre » un jour ou l'autre. Que ce soit pour trouver l'âme sœur, pour décrocher un emploi, pour demander un prêt, pour financer un projet d'affaires, pour vendre une idée ou des produits, ou encore pour gagner une élection. Il est clair et net, dans mon esprit, que notre réussite personnelle est fortement influencée par notre capacité à nous « vendre » auprès des autres. Pourtant, plusieurs d'entre nous affirment, avec véhémence, détester devoir se vendre. Un de mes amis va même jusqu'à comparer cela à une visite chez le dentiste (c'est pour vous dire) car, dans son cas, il dit haïr ça au plus haut point, mais qu'il n'a pas le choix de le faire de temps en temps. Si vous êtes dans une situation similaire et que vous avez des haut-le-cœur juste à penser que demain vous devrez donner votre point de vue lors d'une réunion, ce livre est pour vous.

Pourquoi ce livre ?

L'idée de ce livre m'est venue à la suite d'une de mes chroniques dans *Votre argent* du *Journal de Montréal*, dans lequel j'écris une chronique mensuelle sur la vente et le service à la clientèle depuis quelques années. Je reçois toujours quelques courriels soit pour me féliciter, soit pour me faire des suggestions. Jusque-là, ça va. Un jour, par hasard, un peu grâce à l'inspiration du moment, je rédige une chronique sur « L'art de se vendre ».

Quelle n'a pas été ma surprise de recevoir des dizaines et des dizaines de courriels pour me remercier et pour me dire que ces quelques conseils les aideraient grandement dans leur vie.

Des mois plus tard, je recevais encore occasionnellement des courriels de gens qui avaient entendu parler de cet article et qui me demandaient où ils pouvaient le trouver.

Je vous avoue avoir été un peu surpris d'un tel engouement face à cette chronique qui semblait, à mes yeux, intéressante, mais sans plus. Ces événements m'ont permis de m'apercevoir qu'il y avait un besoin pour tous ceux qui ont à se vendre, mais qui ne sont pas vendeurs de profession.

Ma propre expérience

J'ai passé ma vie à me vendre. J'ai toujours été en affaires et, par définition, j'ai toujours eu quelque chose à vendre. Quand ce n'était pas mes produits ou mes services à des clients, c'était un plan d'affaires à mon comptable, une augmentation de marge de crédit à mon gérant de banque, une idée de publicité à mes associés, une promotion à mon équipe de vente, un sentiment d'appartenance à mes employés, un bon souper au resto à ma conjointe, ou demander à mes enfants de faire le ménage de leur chambre. Bref, à moins que je ne dorme, il ne s'est pas passé une seule heure où je n'ai pas eu quelque chose à vendre.

Avec toutes ces expériences et peut-être un brin de talent, je considère maîtriser l'art de *me* vendre et de vendre ma salade. Pas que j'y réussisse chaque fois, mais j'ai assurément réussi à de nombreuses reprises, et c'est peut-être devenu pour moi une seconde nature.

Ce qui suit va peut-être vous sembler un brin prétentieux, mais je vous relate ici des faits qui me sont arrivés très souvent. Par exemple, avant de rencontrer un futur client, je lui téléphone (c'est ce qu'on appelle dans le jargon de la vente du *cold call*), je sollicite un rendez-vous que j'obtiens avec assez de facilité. Toutefois, c'est lorsque je suis en face de lui que je vois véritablement la métamorphose de mon client et son changement d'attitude. À mon arrivée, mon interlocuteur est souvent poli mais froid, comme c'est le cas dans bien des entrevues.

Je commence donc mon baratin tout en m'intéressant à lui et, quelques minutes plus tard, je le vois, je sens que la magie commence à opérer. C'est comme s'il y avait un déclic inconscient chez lui par rapport à ce que je dis et à ce que je suis. La conversation se poursuit. Je le sens se détendre. S'ils sont plusieurs à me recevoir, je vois leur regard, content, se croiser. Ils semblent se dire : «Il est intéressant, le gars.» Leur méfiance baisse et le charme continue à opérer. Ils se mettent à sourire. Ils posent des questions qui confirment leur intérêt. Bref, quelques minutes plus tard, ils acceptent mon offre et la vente se conclut. Comment ça se fait? Que s'est-il passé?

Le même phénomène se produit lorsque je présente une conférence en entreprise ; d'ailleurs, j'en présente plus de cent cinquante par année. Tous ceux qui sont assis dans la salle n'ont pas demandé à m'entendre ; c'est leur patron qui m'a choisi, pas eux. Ce n'est pas comme lorsqu'ils achètent un billet pour aller voir un motivateur ou un humoriste. Dans ce cas-là, ils choisissent d'y aller. Moi, je suis un peu comme un chien que l'on jette dans un jeu de quilles. Encore récemment, j'ai dû présenter une conférence de motivation à des ingénieurs, à qui leur patron venait de leur annoncer une restructuration de l'entreprise, ce qui a eu pour effet d'inquiéter plusieurs d'entre eux. Dans des cas semblables, et cela arrive souvent, vous comprendrez que l'accueil des gens est un peu froid, pour ne pas dire glacial. À mon arrivée, les visages sont longs, les bras sont croisés, ils chuchotent entre eux. Ajoutez à cette méfiance le fait que ma conférence se tient parfois le soir après leur travail ou encore le samedi et même, à quelques occasions, le dimanche ! Rarement, une personne peut me lancer avec arrogance, avant que je commence à parler : «Ah, c'est toi, le conférencier ! Ça a besoin d'être bon pour qu'on m'oblige à venir ici aujourd'hui ! »

Croyez bien que je ne donne pas ces détails pour me plaindre, au contraire. J'avoue trouver ce défi très stimulant parce que, là encore, après cinq minutes de conférence, parfois moins, parfois plus, la magie finit toujours par opérer. Les visages se mettent à sourire, les avant-bras se déplient et s'appuient sur les cuisses, les regards se concentrent et l'écoute devient attentive.

Attention, ça n'arrive pas chaque fois, mais presque. J'avoue que ma moyenne est excellente. Suis-je tombé dedans quand j'étais petit ou ai-je appris des techniques révolutionnaires ? Ou encore, est-ce à cause de mon corps ? Suis-je un dieu avec un corps d'adonis ? Croyez-moi, ce n'est pas le cas. Je suis un type tout ce qu'il y a d'ordinaire. Je l'ai juste fait à des milliers de reprises et, avec le temps, les erreurs et les bons coups, j'ai fini par créer une manière bien personnelle de convaincre les autres. C'est ce que je partage avec vous ici.

Avant de poursuivre votre lecture, voici trois mises au point.

1. Comme toute bonne salade est meilleure lorsqu'elle est rehaussée par une délicieuse vinaigrette, j'ai rehaussé mon texte de quelques anecdotes et tranches de vie que j'ai affectueusement appelées «Soupçon de VIE-naigrette».

2. C'est volontairement que j'ai utilisé le terme «vendeur» tout au long de mon livre. Je sais que ce n'est pas celui que vous employez. Un chercheur d'emploi ou un emprunteur ne se présente pas en disant : «Bonjour, je suis vendeur de moi-même ou je voudrais vous vendre un projet que j'aimerais faire financer ! » Je sais aussi que les professionnels

de la vente ne s'en servent pas; ils ont trop peur de ce que les clients pourraient penser. J'aurais pu utiliser représentant, conseiller, directeur du développement, etc., mais le terme «vendeur» est, selon moi, celui qui définit le mieux l'action de *vendre* notre salade.

3. Dans le même ordre d'idées, j'ai employé le mot «acheteur» pour représenter celui qui achète notre salade. Selon votre situation, l'acheteur peut être un client, un employeur, un banquier, un réalisateur, une âme sœur, un collègue, un conseil d'administration, etc.

Voici donc, sans prétention, des idées pour mieux *vous vendre* et *vendre votre salade.*

Bonne lecture!

Première partie

Tout le monde a une salade à vendre !

Chapitre 1

Pas facile de se vendre

Ça fait plusieurs années que j'observe les gens lorsqu'ils sont en interaction avec les autres et qu'ils tentent de faire passer leurs points de vue. Que ce soit lors de réunions ou entre amis, je les sens toujours très mal à l'aise et même, parfois, dans un état de vulnérabilité extrême. Tantôt démunis, tantôt arrogants, mais rarement préparés et aucunement en contrôle de la situation.

Aussitôt que la personne qui se trouve en face d'eux démontre un tant soit peu de réticence, le démuni va répondre : « Ah oui, peut-être que tu as raison, je n'avais pas pensé à ça ! » et, penaud, il change de sujet. Tandis que l'arrogant va rétorquer : « En tout cas, moi, c'est mon point de vue. Ça ne me dérange pas si vous n'êtes pas d'accord avec moi, mais c'est mon opinion ! » Dans le premier cas, la personne va abandonner sa position et, dans le second, elle va s'entêter.

Il y a le type qui se fait dire que sa personnalité ne clique pas avec celles des autres et qui s'en trouve vexé parce que, selon lui, c'est lui qui est correct et que les autres ont tort.

Il y a celui qui, dans le fond, est d'accord avec le point de vue de son interlocuteur mais qui, en façade, se montre fermé à l'idée de l'accepter d'emblée, de peur de passer pour une personne facile à convaincre, une chique molle, bref, quelqu'un qui ne se tient pas debout face à ses convictions.

Finalement, il y a le type qui écoute la conversation des autres et qui se trouve en total désaccord avec ce qui s'en dégage, mais qui n'a pas le courage de donner son point de vue de peur de mal paraître et d'être déplacé.

En fait, rares sont ceux qui peuvent exprimer leur véritable point de vue sans souffrir d'un de ces malaises.

En réalité, chacun d'entre nous passe beaucoup de temps à tenter de convaincre, de justifier ou d'excuser ses opinions et, dans bien des cas, c'est uniquement pour une question d'ego parce que, dans les faits, ça ne change pas grand-chose à la situation, surtout si l'échange se fait avec notre entourage. Toutefois, lorsque nous tentons de faire valoir notre personnalité et notre point de vue lors d'une situation qui peut avoir un impact majeur sur notre futur, notre capacité à bien nous vendre peut devenir un atout extraordinaire sur notre vie et sur notre carrière.

De nos jours, au Canada, le fait de vendre ou de se vendre rend tout de suite méfiant, ce qui est, selon moi, injustifié. Dans l'esprit des gens, soit la personne est vantarde et prétentieuse, soit, pire encore, elle est carrément malhonnête.

Ces perceptions rendent le défi de la vente encore plus stimulant et confèrent à la personne qui maîtrise cet art un atout majeur. Être capable de se vendre avec conviction et honnêteté est et sera toujours quelque chose de difficile à faire, mais combien valorisant.

Chapitre 2

Pourquoi se vendre?

En avez-vous assez d'être à la merci des événements qui se produisent dans votre vie? Voulez-vous influencer votre destinée? Êtes-vous vraiment prêt? Êtes-vous vraiment décidé? Si votre réponse est non, refermez ce livre et continuez de vous plaindre de votre sort. Si votre réponse est oui et que vous avez vraiment décidé d'apprendre à vous vendre, voici le point de départ.

Pourquoi dois-je me vendre? Est-ce que je dois me prostituer (accepter des choses contre mon gré)? Qu'est-ce que j'ai à gagner? Voilà trois questions que vous vous êtes probablement déjà posées.

Je vous propose ces réponses.

Pourquoi doit-on se vendre? Parce qu'il y a en a d'autres qui aspirent au même poste ou rôle que vous.

Imaginez un monde où vous seriez seul à pouvoir accomplir ce que vous soutenez. Vous êtes le seul et unique choix. Il n'y en a pas d'autre, pas de concurrent, pas de meilleur que vous, pas de compétiteur. À première vue, cela semble peut-être l'idéal. Vous postulez un poste et vous êtes le seul candidat. C'est la situation rêvée, n'est-ce pas ? Évidemment, non. Où est le plaisir d'obtenir le poste s'il n'y a pas de défi ? Où est la satisfaction de gagner une médaille aux Jeux olympiques si vous êtes seul dans votre catégorie ? Cela n'a aucune valeur.

Soupçon de VIE-naigrette

Un jour, à la fin de ses études universitaires, une entreprise est entrée en contact avec mon fils pour lui offrir de postuler un poste, justement dans le domaine qu'il convoitait. Il s'est tout de suite dit : «C'est sûr que ça va fonctionner.» Sauf que, le lendemain, il apprenait qu'il devait passer une entrevue avec les dirigeants et que, finalement, il y avait deux autres candidats. Oups ! il n'était pas seul. Il devait se préparer à se vendre, faire l'entrevue et attendre, avec anxiété, la décision finale. Malheureusement, il n'a pas eu le poste. C'est la vie. Il a donc dû redoubler d'ardeur, choisir une carrière qui l'intéressait, faire des recherches et des démarches, se vendre à plusieurs reprises pour, enfin, obtenir le poste qu'il voulait.

Il est donc faux de croire qu'on va vous choisir ou choisir votre produit de façon automatique. Il y a toujours d'autres solutions à ce que vous offrez, et c'est tant mieux ainsi. Il faut aussi être conscient que plus le poste ou le rôle convoité est enviable, plus il y aura de personnes au portillon et plus vous devrez vous vendre. Tout le monde veut jouer dans la Ligue nationale de hockey, mais peu pourront le faire.

Est-ce de la prostitution ? Non ! Se vendre ne veut pas dire qu'il faut se conformer aux exigences du demandeur, modifier sa personnalité, inventer des compétences qu'on n'a pas et lui dire ce qu'il veut entendre. Non. Se vendre implique le fait de se faire valoir avec honnêteté, sincérité et conviction. Et si votre profil ne convient pas à la situation du moment, tant pis ! Si vous savez vous vendre, vous réussirez bien à le faire auprès de quelqu'un d'autre.

Souvenez-vous que les gens qui ont une réelle confiance en eux sont une denrée tellement rare que vous n'aurez aucune difficulté à vous faire valoir dans une autre situation.

Honnêteté, sincérité et conviction sont la clé.

Qu'est-ce que vous avez à gagner ? Avant tout, le respect de soi et, un peu, le respect des autres. Pouvoir se regarder dans la glace et se respecter pour ce que nous sommes, n'est-ce pas une situation enviable ? Assurément ! Et, la cerise sur le *sundae*, c'est lorsque, un jour, les gens de votre entourage, votre entreprise, vos clients ou vos pairs finissent par vous respecter.

Demandez à une personne quel plaisir cela lui a procuré d'être honorée par ses pairs comme, cette année-là, la meilleure dans son domaine. Elle vous répondra que c'est un *feeling* incroyable ! Quel plaisir pour l'âme ! Cette personne peut maintenant vieillir en paix. Un jour, un homme ayant dépassé les quatre-vingts ans m'a dit que sa plus belle fierté, après ses enfants, était ses accomplissements personnels et les bons souvenirs qu'il en retenait.

On a donc, selon moi, tout avantage à se vendre, à influencer les autres et leurs décisions, et tant pis pour ceux qui sont en compétition avec nous. Ils se reprendront une autre fois.

Chapitre 3

Se vendre ou se vanter

La ligne est très mince entre se vendre et se vanter. Il est facile de franchir cette ligne ou que votre entourage interprète que vous franchissez cette ligne.

Concrètement, on pourrait définir (en tout cas, c'est ma définition) le fait de nous vendre comme la valorisation de nos attitudes et de nos aptitudes passées et futures à quelqu'un qui est à la recherche de ces mêmes attitudes et aptitudes.

On pourrait définir le fait de nous vanter comme la mauvaise habitude de faire étalage de nos accomplissements personnels à des gens qui ne l'ont pas sollicité.

Autrement dit, il faut savoir se vendre quand c'est le bon moment et aux bonnes personnes ; dans ces situations, il ne faut pas se gêner. Toutefois, il faut savoir se taire et se faire discret lorsque personne ne nous demande notre avis, ni de faire la nomenclature de nos exploits.

Pour mieux comprendre, se vendre est synonyme de : s'affirmer, se faire connaître, mentionner ses connaissances et ses compétences, faire valoir ses idées et ses opinions, expliquer son point de vue, faire l'inventaire de ses accomplissements et de ses réalisations, gagner la confiance d'un tiers, séduire (dans tous les sens du terme), influencer un choix, participer à un concours, passer une audition ou une entrevue, vendre un produit ou un service, manifester, communiquer, expliquer, réprimander, conseiller, inviter à participer, etc.

Appelez cela comme vous voulez, lorsque vous faites une ou plusieurs des actions précédentes, vous êtes en train de vendre quelque chose et vous pourriez réussir mieux si vous utilisiez des stratégies éprouvées comme celles que j'explique dans ce livre.

Chapitre 4

Convaincre qui?

J'entends souvent des commentaires tels que: «Écoute, on ne peut pas plaire à tout le monde» – ce qui est vrai en soi –, «Ça n'a pas cliqué avec eux», ou «Il n'est pas question que je me mette à genoux pour satisfaire leurs exigences».

Cela démontre un peu l'ignorance des gens par rapport à la connaissance des êtres humains. Pour se vendre, il n'est aucunement question de se mettre à genoux ou de modifier sa personnalité, et ça n'a aucun rapport avec le fait que ça clique ou non, ou parce que l'on a de supposés atomes crochus avec l'un et pas avec l'autre. Cela concerne plutôt ce que l'autre (l'acheteur, le décideur) va gagner en achetant vos idées et en vous faisant confiance.

Pour bien réussir à vous vendre, il faut d'abord comprendre que l'acheteur, l'employeur, le producteur, l'âme sœur ou le banquier ne vous achètent pas, pas plus que vos idées d'ailleurs. Ce qu'il cherche, c'est à avoir raison et à augmenter sa valeur face à ses pairs, ses associés, ses clients, ses actionnaires, ses patrons, etc.

Lorsque le banquier accepte de vous faire un prêt, il accepte en fait de mettre sa tête, ainsi que la vôtre, sur le billet. En acceptant de vous faire confiance, il va être obligé de dire à ses patrons, ceux à qui lui doit se vendre, qu'en vous prêtant de l'argent, la banque fait une bonne affaire. Bref, il veut être un «gagnant» face à ses patrons, au lieu de quelqu'un qui n'a pas de flair parce qu'il n'a pas compris que votre affaire était vouée à l'échec.

Soupçon de VIE-naigrette

Récemment, je devais former des éleveurs de vaches laitières de la race X, peu répandue au Québec (vous voyez bien que tout le monde a quelque chose à vendre), afin qu'ils convainquent d'autres producteurs laitiers d'acheter cette race pour produire leur lait, plutôt qu'une autre plus populaire. En atelier, nous avons rédigé la liste des avantages et des arguments qu'avait cette race par rapport aux autres et, croyez-moi, il y en avait beaucoup. Ne serait-ce que parce qu'elle produit un lait de meilleure qualité, ou encore que, globalement, elle a une meilleure santé, épargnant ainsi des frais de vétérinaire. Plusieurs arguments militaient positivement pour la race X. Toutefois, quand nous en sommes venus au pourquoi, ils avaient de la difficulté à vendre leur idée. L'un d'eux s'esclaffa en disant: «Le problème, ce n'est pas de les convaincre que notre race est la meilleure, on le sait et ils le savent eux aussi. D'ailleurs, les chiffres parlent d'eux-mêmes à ce sujet. Non, notre véritable problème, c'est que le producteur se dit intérieurement: "De quoi vais-je avoir l'air auprès de mes voisins si je change de race? La majorité d'entre eux élèvent d'autres races. Je vais me faire écœurer *avec ça chaque fois que je vais en rencontrer un et ça ne me tente pas." C'est ça notre véritable problème»,* de conclure le participant.

On en revient encore une fois à ce que l'autre va avoir l'air auprès de ses pairs. Dans ce cas-ci, c'est le producteur laitier face à ses voisins. Il en va de même pour le réalisateur d'un film qui doit choisir une vedette pour son prochain long métrage et qui ne veut pas se faire dire par la critique que sa distribution n'était pas adéquate, ainsi que pour l'acheteur d'un produit quelconque qui veut pouvoir dire à son patron, ou à son beau-frère, qu'il a fait le bon choix.

Les gens n'achètent pas pour vous, ils achètent pour eux. Ce sont eux qui passent en premier. Je vous assure que lorsque quelqu'un vous dit vouloir vous faire une offre extrêmement intéressante, croyez-moi, elle l'est autant pour lui, sinon plus, que pour vous. Ce n'est pas de la malhonnêteté ; c'est la nature humaine. Il faut simplement le savoir, l'accepter et vivre avec cela. Vous devez donc vous vendre en fonction d'eux (ce qu'ils ont à gagner), et non en fonction de vous (ce que vous avez à gagner). La compréhension de cette vérité est cruciale pour votre succès futur.

Chapitre 5

Les opinions
ne sont jamais gratuites

Tout le monde a quelque chose à vendre, et chaque opinion ou point de vue cache un parti pris évident, si on prend le temps de lire entre les lignes. La prochaine fois que vous serez témoin d'un débat à la télévision ou à la radio, écoutez attentivement les débatteurs et vous constaterez que chacun de leurs propos tend à vendre leur parti, leur produit, leur association ou leur entreprise. Par exemple, si on pose une question à différents intervenants sur le dernier budget que vient de déposer le gouvernement, le représentant du parti au pouvoir va dire qu'il est excellent. Celui du parti de l'opposition dira l'inverse (même s'il y a sûrement quelque chose de bon). Le représentant du parti de gauche dira qu'il n'y en a pas assez pour les pauvres, et celui du parti de droite mentionnera que les entreprises sont encore une fois trop taxées. Le représentant de l'association des sans-abri soulignera qu'il n'y en a pas assez pour le logement social. Le chef syndical ajoutera que le gouvernement en fait trop peu pour la création et la sécurité d'emploi, et le représentant d'un parti vert dira que l'environnement est primordial et que le budget n'en tient pas compte.

Bref, soyons honnêtes et, surtout, conscients que la vraie neutralité n'existe pas, que chacun de nous, sans exception, a des opinions biaisées par notre situation, et que nous sommes tous influencés par quelque chose qui nous profite d'une manière ou d'une autre.

En somme, tout est de la vente. Et si vous devez vous vendre, le décideur qui doit vous «acheter» doit, lui aussi, se vendre à quelqu'un d'autre, et ainsi de suite.

Il est donc important de retenir que vous vendre consiste à amener le décideur à mieux se vendre auprès des autres en vous achetant. C'est un peu mêlant, mais c'est ça !

Pourquoi avoir peur?

Pour plusieurs d'entre nous, il n'est pas naturel de nous vendre. Nous avons été élevés par des parents bien intentionnés et éduqués par un système influencé par le judéo-christianisme (même si on le dit, aujourd'hui, non confessionnel), où l'humilité est à l'honneur. «Sois humble», me disait ma mère et, à l'école, on nous répétait sans cesse que la vantardise était de l'orgueil mal placé, et que l'orgueil était un des sept péchés capitaux qui pouvait mener en enfer. «Minute! Je ne veux pas aller en enfer», se disait-on intérieurement.

Encore aujourd'hui, tant au niveau primaire qu'au niveau secondaire, on n'enseigne pas aux étudiants l'art de vendre ou de faire valoir leur point de vue. On se limite à enseigner comment rédiger un bon CV. «Et voilà, vas-y, mon jeune. Va te faire valoir parmi la jungle de candidats qui postulent les mêmes postes que toi.»

Quoique la peur soit une émotion normale lorsque vient le temps de faire bonne figure (en effet, se vendre est une performance en soi), elle peut quand même s'estomper avec le temps, et parfois, complètement disparaître si le «vendeur» développe l'habitude de se vendre et qu'il utilise un bon plan.

En fait, la peur de vous vendre vient beaucoup plus de la peur du rejet (il ne pense pas comme nous ou comme la masse), du refus (vous faire dire non), d'être différent des autres (il en fait toujours à sa tête) et du «qu'est-ce que les voisins vont penser?» que de la justesse de vos idées, de vos opinions, de votre produit ou de votre candidature. Ce que vous avez à dire est probablement pertinent, mais vous pensez le contraire.

Évidemment, pour réussir à nous vendre, il faut contrôler notre peur. Il est normal d'avoir des réticences, des doutes, des hésitations mais, à un moment donné, il faut franchir la barrière de la peur et foncer.

En fait, la peur est un monde imaginaire que chacun de nous se crée et qui sert à alimenter notre manque de confiance en soi. Par exemple, dans une réunion à laquelle nous participons, nous nous disons : «Je ne lèverai pas la main, tout d'un coup ce n'est pas pertinent!» Ou encore, l'adolescent qui a envie de lever la main à la suite d'une question que le professeur vient de poser : «Les autres vont rire de moi, vont m'agacer avec ça pendant des semaines et je vais perdre mes amis.» Le monde imaginaire de la peur qu'il vient de se créer de toutes pièces le convainc de ne pas lever sa main et de demeurer dans l'anonymat.

Faites le test lors d'une réunion. Demandez aux gens présents : «Est-ce qu'il y en a qui ont des questions?» Vous constaterez alors que peu ou pas de gens vont lever la main. Pas parce qu'ils n'ont pas de questions, plutôt parce que leur monde imaginaire de la peur leur dit inconsciemment : «Ne lève pas la main, Charlie, tu vas passer pour un idiot.» Que se passe-t-il alors lorsqu'on demande aux gens s'ils ont des questions? Au début, personne ne bouge, mais après quelques secondes, si l'un d'eux (capable de se vendre) lève la main et pose sa ques-

Deuxième partie

Préparez votre salade

Chapitre 8

Les trois « C » de la vente

Commençons la préparation de votre salade. Comme dans toute bonne recette, les ingrédients de base sont importants à l'obtention du résultat final. La vente n'y fait pas exception. Voici donc une liste d'ingrédients qui vont rehausser la qualité de votre salade.

J'appelle familièrement ces premiers ingrédients les trois « C » de la vente : compétences, conviction et communication.

Compétences

Vous devez avoir des compétences approfondies sur deux aspects importants : votre produit et vos techniques de vente.

• *Produit*

Que vous vendiez un produit, un service ou vous-même, il s'agit toujours de « produit ». Votre produit est un produit, vos services sont un produit, et vous aussi êtes un produit. Il faut donc le voir ainsi et trouver des arguments qui lui donnent de la valeur, mais toujours en fonction des avantages qu'il va procurer à l'acheteur.

Je vous propose quelques pistes de réflexion pour rehausser vos compétences par rapport à votre produit.

1. Le connaissez-vous à fond ? Les caractéristiques, les avantages, les qualités, les expériences acquises, la conception, la fabrication, la durabilité, etc.

2. Connaissez-vous le ou les produits concurrents ? Si vous voulez gagner, vous devez étudier votre adversaire dans ses moindres détails. Le faites-vous ? Quelles sont les autres options que l'acheteur a à sa disposition ?

3. Êtes-vous capable de démarquer votre produit sur au moins trois éléments ? Qu'est-ce que vous avez de différent des autres produits offerts à votre acheteur potentiel ? Ça vous prend quelque chose de différent que l'acheteur aura de la difficulté à comparer parce qu'il n'existe pas chez vos concurrents. Pourquoi trois ? Parce que je considère que si vous avez seulement *un* avantage concurrentiel, ça ne l'influence pas suffisamment. Vous avez donc besoin d'au moins *trois* avantages concurrentiels si vous voulez faire pencher l'acheteur sur votre bord.

4. En connaissez-vous la valeur et êtes-vous capable de la justifier ? Quel est le prix de votre produit ? Quel est le prix du produit concurrent ? Si vous êtes plus cher, il n'y a pas de problème, mais pouvez-vous le justifier ? Rappelez-vous toujours que l'important n'est pas ce que ça coûte, mais plutôt ce que ça rapporte, et que, contrairement à la croyance populaire, les acheteurs achètent rarement ce qu'il y a de moins cher, mais ils achètent toujours où ils en ont le plus pour leur argent. Par exemple, dans la Ligue nationale de hockey, les gérants d'équipe ne veulent pas vraiment un joueur qui ne coûte pas cher parce qu'ils savent que ça ne

leur rapportera pas ou peu. Par contre, ils sont prêts à payer extrêmement cher un joueur qui leur rapportera deux, trois ou cinq fois plus que ça leur a coûté. Ce raisonnement est présent dans toute transaction, pour un produit, un cachet, des honoraires ou un salaire. Alors, vous êtes plus cher que vos concurrents ou vous voulez obtenir plus qu'eux ? Pouvez-vous justifier cet écart, et rapportez-vous plus à celui qui vous paie ? Si ce n'est pas le cas, oubliez ça !

- **Techniques de vente**

Votre seconde compétence devrait être les techniques de vente, et j'imagine que vous avez acheté ce livre pour cette raison. L'art de se vendre, comme tout art d'ailleurs, peut être maximisé en utilisant des trucs, des concepts ou des idées qui ont été éprouvés par des gens qui y excellent. Que ce soit le sculpteur, l'acteur, l'interviewer, le peintre ou le menuisier, chacun d'eux a acquis avec le temps des trucs de son métier qui lui simplifient la tâche et maximisent ses résultats.

Je vous suggère donc de lire et de relire ce livre, encore et encore, et de vous imbiber de tout ce qui concerne la vente, la motivation personnelle, le dépassement de soi, les principes de succès, les relations avec les autres et la communication, afin d'accélérer leur assimilation.

Je n'ai rien contre les bons romans, au contraire. C'est vrai qu'il fait bon, de temps en temps, voyager dans l'imaginaire de quelqu'un d'autre, surtout lorsque c'est bien raconté. Cependant, si chaque individu lisait seulement deux bons livres par année sur les sujets mentionnés précédemment, il jouirait d'une plus grande confiance en lui, aurait de meilleures relations avec ses proches et obtiendrait, en prime, un plus grand sentiment de contrôle sur sa vie. N'est-ce pas magnifique ?

Conviction

Cela vous prend une conviction à toute épreuve sur trois aspects importants : votre produit, votre équipe (ceux qui vous soutiennent dans vos démarches : entreprise, famille, amis, etc.) et vous (votre confiance en vous).

- *Produit*

Revenons encore au produit. Y croyez-vous ? Est-ce que votre produit est de grande qualité ? En êtes-vous convaincu ou entretenez-vous quelques doutes ? Croyez-vous que l'acheteur fait une bonne affaire en achetant ce produit ou qu'il se fait avoir ? Votre conviction par rapport à votre produit doit être maximale. Si c'est vous le produit, vous devez être capable de faire valoir, avec conviction (en regardant l'autre dans les yeux), toutes vos qualités qui sont pertinentes à l'acheteur. N'oubliez pas, vous êtes un produit. Un petit truc, en passant : essayez de toujours parler en utilisant « Je crois » plutôt que « Je pense ». Par exemple : « Je crois que je vais réussir » est plus convaincant que : « Je pense que je vais réussir ».

- *Équipe*

Qu'est-ce qu'une équipe ? Ce sont les gens qui vous soutiennent au sens large du mot. Si votre produit est fabriqué par un tiers et que vous en êtes le distributeur, croyez-vous en cette entreprise, en la qualité du produit qu'elle fabrique, en son service après-vente, en l'équipe de livraison et d'installation, en la garantie, etc. ? Si vous êtes travailleur autonome, vous n'avez peut-être pas d'équipe, mais croyez-vous en vos sous-traitants, en votre réseau de contacts, en vos amis, en votre famille, etc. ? Vous devez être convaincu que tous ceux qui gravitent autour de vous sont très compétents et vous soutiennent. Si ce n'est pas le cas, changez certains membres de votre équipe.

Soupçon de VIE-naigrette

Récemment, je visionnais le DVD du spectacle Noir et blanc de Grégory Charles. J'ai été à même de constater, lors de la partie «Demandes spéciales», qu'il avait une confiance aveugle en son équipe de musiciens. D'ailleurs, ceux-ci pouvaient le suivre sans hésitation, après qu'il leur eut fredonné une note ou deux. Faites comme lui, entourez-vous des meilleurs.

- *Vous*

J'aurais peut-être dû commencer par cet ingrédient primordial mais, peu importe, votre conviction doit aussi s'étendre jusqu'à votre propre personne même si vous vendez un produit tangible. Votre confiance en vous est essentielle pour mener à terme votre projet, pour traverser les périodes difficiles que vous affronterez inévitablement un jour ou l'autre, pour vous relever après les coups durs, pour continuer même après qu'on vous a dit non, pour faire des démarches auprès de gens inconnus, pour prendre des risques, pour rappeler ceux qui sont indécis, etc. Votre confiance en vous est la pierre angulaire de votre succès. Est-ce que cela veut dire que vous n'avez pas droit au découragement et à la démotivation? C'est à peu près cela. Remarquez qu'il est normal d'éprouver de la déception face à un rejet ou à un refus quelconque, mais de là à être paralysé dans l'inaction pendant des jours, voire des semaines, parce qu'on n'a pas eu le travail convoité, c'est un peu exagéré et, surtout, très coûteux en temps et en argent. À un moment donné, il faut passer à autre chose et le plus vite est le mieux. L'action est le meilleur antidote à la démotivation.

Soupçon de VIE-naigrette

En ce qui me concerne, j'ai pris la décision, en 1998, que lorsque je serais déprimé, cela ne durerait jamais plus de dix secondes. Vous avez bien lu, dix secondes. Évidemment, je fais abstraction des malheurs qui pourraient survenir à mes proches. Une crevaison, un client qui n'achète pas, une contradiction avec quelqu'un d'autre, une déception d'affaires, etc., je me retire dans un coin tranquille, je grogne un peu, je lâche un juron ou deux, je donne un coup de poing sur la table... et je me dis: «OK, c'est fini, je passe à autre chose!» Il ne faut pas que ça dure plus de dix secondes.

Bref, si on veut réussir, on n'a pas de temps à perdre à râler, à pester après les autres ou à pleurnicher. Certains penseront que c'est un peu radical, mais je crois qu'il faut ce genre de détermination. Je me rappelle que, dans le premier film de *Rocky*, lorsqu'il est dans le ring et que son adversaire lui assène un de ces coups, il se parle sans cesse (intérieurement) lors des pauses en se disant: «J'ai pas mal, j'ai pas mal, je vais le battre, je vais gagner!» Et il retourne pour le round suivant. Comme le dit mon ami, le conférencier Simon Blouin: «Pourquoi ne pas rire maintenant des petits problèmes de la vie puisque, de toute façon, on va en rire plus tard!»

Communication

Ici, je ne parle pas d'Internet ni de cellulaire, mais de communication interpersonnelle. Pour ce faire, vous devez être à la fois un excellent émetteur et récepteur.

- *Verbaliser*

Vous devez être capable de verbaliser vos avantages concurrentiels avec enthousiasme. L'enthousiasme est essentiel à la vente de quelqu'un ou de quelque chose. *Le dictionnaire étymologique du français* définit l'enthousiasme comme le fait « d'être animé par un transport divin ». On peut conclure qu'une personne enthousiaste possède une force divine à l'intérieur d'elle et que, par rapport à ses capacités ou à son produit, elle semble souvent animée par un petit « je ne sais quoi ».

Il faut éviter de confondre l'enthousiasme et l'exubérance. Le premier est une agitation intérieure (divine), tandis que le second est plutôt une agitation extérieure et, pour être honnête, cela aide rarement à la vente de quoi que ce soit.

Êtes-vous capable de verbaliser les caractéristiques et les avantages de votre produit ainsi que vos convictions avec enthousiasme ? Je suis sûr que oui. Ne faites surtout pas comme le vendeur d'électronique à qui je demandais si le cinéma maison qu'il me présentait était fiable. Il m'a répondu sur un ton neutre : « Oui, pas pire, on n'a pas trop de plaintes. » On repassera pour la conviction et l'enthousiasme. Ce dernier est essentiel à toute présentation réussie. Nous y reviendrons un peu plus loin.

- *Écouter*

Écouter est le second pôle de la communication. À quoi bon parler si personne n'écoute ? Comme la vente est toujours une question de confiance, il faut apprendre à gagner la confiance de l'acheteur potentiel rapidement. Une des meilleures façons d'y parvenir consiste non seulement à l'écouter, mais aussi le faire parler de lui, s'y intéresser, le complimenter, se souvenir de son nom et de la discussion précédente, etc.

Le sentiment d'être écouté est tellement faible chez les gens de nos jours que si vous manifestez un tant soit peu d'attention à quelqu'un, il deviendra en quelques minutes un de vos plus grands *fans*. Ce qui suit est peut-être un peu, beaucoup cliché mais c'est, selon moi, assez près de la vérité. Par exemple, un homme entre trente et cinquante ans, en couple, père de famille et avec un emploi pense que ça fait longtemps que sa conjointe ne l'écoute plus vraiment, que ses enfants se fichent pas mal de ses opinions, que ses amis rient souvent de lui et que son patron le trouve râleur. Alors, imaginez si vous l'écoutez, vous vous intéressez à ce qu'il dit, vous le rendez important et vous lui faites des compliments. Il va manger dans votre main! Vous trouvez que j'exagère? À peine! C'est paradoxal, mais dans notre monde où la communication est partout, bien des gens se sentent seuls.

Peut-être que certains d'entre vous penseront que c'est un peu complaisant d'agir ainsi. Attention, je parle ici de manifester de l'intérêt aux autres avec sincérité. Je crois pertinemment que c'est toujours très enrichissant d'écouter les gens se dévoiler. Chaque personne a quelque chose d'intéressant à raconter. Il suffit de l'écouter vraiment pour qu'elle se livre à vous comme par enchantement. Si vous voulez vous vendre, l'écoute sincère des autres est essentielle à votre succès.

Soupçon de VIE-naigrette

Il y a quelques années, lorsque nos enfants étaient plus jeunes, ma conjointe et moi sommes allés magasiner des fourgonnettes. Lors d'une même soirée, nous avons visité trois concessionnaires et fait l'essai de trois modèles différents. Chez l'un d'entre eux, le vendeur nous a carrément raconté sa vie. Il se plaignait de son sort, de sa femme qui a changé de religion et qui lui cause des problèmes (il était divorcé), de sa fille qui se drogue, de ses collègues qui étaient jaloux de lui, et j'en passe. Le pire, c'est qu'il ne s'est jamais intéressé à nous. Qui va conduire la fourgonnette le plus souvent ? Pourquoi désirons-nous une fourgonnette ? Combien de kilométrage allons-nous faire par année ? Combien d'enfants avons-nous ? Allons-nous devoir traîner une remorque ou une roulotte, etc. ? Il ne nous a même pas demandé nos noms. Il a conclu la rencontre par le très classique : « Je vous laisse aller voir ailleurs, mais je suis sûr que vous allez revenir me voir. » Compte là-dessus !

En somme, pour réussir à vendre et à vous vendre, il vous faut des compétences sur votre produit et en techniques de vente. Vous devez être totalement convaincu de la qualité de votre produit, de votre équipe et de vous-même. De plus, vous devez verbaliser vos arguments avec conviction et enthousiasme, et écouter les autres avec passion.

Remarquez que je ne connais personne ayant un score de 100 %. On a toujours des doutes ici et là, ou des compétences à parfaire. Cependant, si vous maîtrisez globalement la plupart des aspects contenus dans les trois « C » de la vente, vous avez ce qu'il faut pour aller loin.

Chapitre 9

Ce qu'il faut savoir pour maximiser vos efforts de vente

Lorsqu'on croise les données de différents sondages sur ce qui influence les gens à acheter tel ou tel produit ou à choisir tel ou tel candidat, voici ce qui en ressort.

1. Les gens doivent ressentir un besoin avant de procéder à un achat.

   Le besoin est la mère de toute décision. Lorsqu'un client entre dans un commerce d'électronique pour magasiner des cinéma maison, il est fort probable que le besoin soit présent dans son esprit ou va le devenir incessamment. Il le démontre clairement en se rendant lui-même dans le commerce qui offre ce genre de produit. Il en est de même pour l'entreprise qui affiche un poste dans la section «Carrières» des journaux. Elle a besoin de quelqu'un, c'est évident.

   La situation est différente lorsque c'est vous qui faites une démarche, non sollicitée par l'acheteur potentiel, pour offrir vos idées ou vos services. Dans ce cas-là, le besoin semble absent. Vous devrez alors créer le fameux besoin en questionnant l'acheteur sur la possibilité de le combler éventuellement, avant de présenter vos idées ou vos services.

Par exemple, lorsqu'une entreprise dit dans sa publicité : «Aimeriez-vous payer moins d'impôt ?», la réponse est toujours oui, n'est-ce pas ? Qui ne veut pas payer moins d'impôt ? L'entreprise vient de créer le besoin dans l'esprit de l'acheteur. Elle a juste à poursuivre en mentionnant : «Chez ABC Gestion Financière, nous avons la solution. Communiquez avec nous au 555-5555.»

Il faut faire la même chose en présentant vos idées ou vos services. Éveillez le besoin avant de proposer votre idée.

Par exemple, vous êtes en comité de gestion avec des collègues. Plusieurs dossiers ont été abordés et la rencontre tire à sa fin. Avant de partir, vous souhaitez discuter d'un point qui vous semble important, concernant un bon de commande que vous trouvez incompréhensible pour les clients. Le sujet n'est pas à l'ordre du jour et les gens sont fatigués parce que la réunion s'est étirée longuement. Que faire pour éviter de vous faire dire que ce n'est pas le bon moment ?

Je vous suggère d'abord d'éveiller le besoin. Par exemple : «Est-ce qu'il y en a parmi vous qui ont reçu des plaintes concernant le bon de commande ?» Il est probable que la réponse sera oui. Voilà, le besoin est éveillé. Maintenant, poursuivez votre vente : «Est-ce que certains d'entre vous ont une solution ?» Il est probable que la réponse sera non. Continuez, les esprits sont maintenant ouverts. Il ne vous reste qu'à présenter votre solution en y apportant trois arguments positifs. «Eh bien, justement, j'avais pensé que...» et à vendre votre salade.

Prenez l'habitude de précéder votre argumentaire d'une ou plusieurs questions qui vont éveiller le besoin et ainsi faciliter votre vente.

Soupçon de VIE-naigrette

Le fils d'un de mes amis, diplômé en programmation informatique, s'est présenté dans une grande entreprise de distribution pour un emploi. Le hic, c'est que l'entreprise en question ne cherchait pas d'employé à ce moment-là. Il a demandé à parler au directeur du service informatique (ça a pris trois fois avant que celui-ci le rappelle), qui l'a envoyé au service des ressources humaines.

Lorsqu'il a finalement pu parler à quelqu'un des ressources humaines, il leur a simplement dit: «Je sais que vous n'avez pas affiché de poste à ce sujet, mais je suis spécialiste en virus informatique et j'aimerais travailler dans une entreprise comme la vôtre. Je me demandais si vous aviez des problèmes de virus informatique qui font perdre beaucoup de temps et d'énergie à vos employés.» «Qui n'en a pas, a répondu la personne. Pourquoi?» Le besoin venait d'être créé. Sébastien a ajouté: «J'ai élaboré différentes solutions pour bloquer les virus et, ainsi, protéger votre système contre les hackers.» Finalement, elle lui a fait rencontrer le responsable de l'informatique. Sébastien a exposé ses solutions et ça a fonctionné. L'entreprise l'a d'abord pris «à l'essai» et il est maintenant responsable du commerce en ligne pour cette même entreprise. Il a suscité un besoin.

2. **Le besoin provient beaucoup plus du manque de quelque chose que du désir d'améliorer ce que l'acheteur possède déjà.**

   Le constat est simple à faire, mais il n'est pas toujours évident pour les néophytes en vente. Chaque être humain a un désir plus marqué à obtenir ce qu'il n'a pas, qu'à vouloir améliorer ce qu'il possède déjà. Nous sommes tous comme cela. Prenons, par exemple, un acheteur qui considère faire déjà tout ce qui est en son pouvoir pour payer moins d'impôt et qui a même un fiscaliste qui le conseille régulièrement. Dans un cas comme celui-là, lorsque l'individu entend la publicité de ABC Gestion Financière qui prétend pouvoir faire payer moins d'impôt à ses clients, il se dit intérieurement : « J'ai déjà ce service-là. Je n'ai pas besoin de personne d'autre. » Tandis que s'il n'avait pas de fiscaliste qui le conseille, il porterait une oreille plus attentive, n'est-ce pas ?

   Il en va de même pour le fils de mon ami. S'il s'était présenté dans une entreprise qui a déjà un informaticien qui s'occupe des problèmes de virus, il lui aurait été plus difficile de se faire embaucher, n'est-ce pas ?

   La solution est simple. Qu'avez-vous ou que pouvez-vous procurer que les autres ne procurent pas à votre acheteur potentiel ? Quelles sont vos différences ? Qu'avez-vous de plus à offrir ? Ce sont peut-être vos talents ou vos expériences passées. Tout cela, c'est unique. Personne n'a les mêmes talents que vous, personne n'a vécu les mêmes expériences. Présentez vos différences et vous serez gagnant.

3. **Les acheteurs achètent aussi l'individu et la personnalité de celui qui présente l'idée.**

   Le dicton « L'habit ne fait pas le moine » est toujours, selon moi, aussi faux qu'il a toujours été. Il faudrait plutôt le réécrire ainsi : « L'habit fait le moine ! » Du moins lorsque vient le temps de vous vendre. Et c'est plus que l'habit, c'est toute votre personnalité au grand complet. Que dégagez-vous ? Qu'inspirez-vous ? Peut-on vous faire confiance ? Allez-vous respecter votre parole ?

Toutes ces questions, et d'autres encore, passent dans la tête de tous les acheteurs, employeurs, prêteurs, âmes sœurs et futurs associés de ce monde. Il faut donc porter une attention particulière à votre personnalité en entier.

Avoir de la personnalité, ce n'est pas uniquement une question d'apparence et d'attitude, c'est aussi une question de capacité à établir de saines relations humaines avec les autres. Tellement de gens sont frustrés quant à leurs désirs d'accéder à des postes plus élevés et que, selon eux, on semble leur refuser. « Ce n'est pas juste, se disent-ils. Comment ça se fait que je n'ai pas eu le poste ? J'ai les compétences, j'ai l'expérience, j'ai l'apparence, je suis travaillant, mais ma candidature n'est jamais retenue. » Je propose une réponse à votre éternel questionnement. Regardez du côté des relations humaines. Êtes-vous vantard, arrogant, centré sur vous-même et totalement désintéressé par rapport aux autres ? Posez la question à vos proches. Peut-être qu'une piste de solution s'y trouve. Devenez un expert en relations humaines et les choses vont changer, je vous l'assure.

4. Le produit, le service ou l'idée doit être efficace et de haute qualité.

Combler le besoin et avoir de la personnalité ne sont pas suffisants ; il faut être compétent. Si le représentant de ABC Gestion Financière ou même Sébastien ne sont pas à la hauteur de ce qu'ils prétendent, ils seront rapidement mis de côté. Se vendre, c'est plus qu'une question d'image, c'est une question de résultats. Êtes-vous capable de soutenir ce que vous avancez, de livrer ce que vous promettez ? La qualité et les compétences de votre produit et de vous-même sont absolument nécessaires à une relation d'affaires durable. Êtes-vous compétent dans votre domaine?

Soupçon de VIE-naigrette

Je vous fais une confidence. Mon médecin n'a pas vraiment une personnalité de médecin. Si, un jour, il lit ces lignes, il sourira, mais il sera, j'en suis sûr, d'accord avec moi. Je vous le décris. Il est toujours dépeigné et mal rasé, fume abondamment et jure abondamment. Ses vêtements sont souvent froissés. Il a une démarche nonchalante, et j'en passe. C'est juste un peu surprenant lorsqu'on le rencontre pour une première fois. Mais tous ses patients vous diront (sa réputation n'est plus à faire dans la région) que c'est le meilleur médecin du monde d'abord pour ses grandes compétences et pour son empathie. Lorsque tu es avec lui, tu as toujours l'impression d'être avec ton meilleur ami. Il se peut donc que la personnalité de quelqu'un soit transcendée par ses compétences et son empathie.

5. Ça prend un certain temps, voire plusieurs répétitions, pour que l'idée fasse son chemin.

Que voulez-vous, c'est comme ça, et c'est tant mieux ainsi. Imaginez, si une seule rencontre avec un autre fournisseur potentiel suffisait à ce que l'acheteur change d'endroit, cela n'aurait pas de bon sens. Combien d'hommes seraient largués par leur blonde dès qu'elle rencontrerait un autre beau gars? Heureusement, cela demande une certaine fréquence pour susciter un intérêt et pour in-fluencer un changement.

La répétition, c'est la base même de la publicité. C'est parce que vous avez entendu la publicité de ABC Gestion Financière à plusieurs reprises que vous allez peut-être appeler pour avoir des renseignements. C'est aussi parce que Sébastien a appelé trois fois le directeur du service informatique avant que celui-ci l'envoie au responsable des ressources humaines. J'imagine aisément le directeur qui rencontre ce dernier à la cafétéria et qui lui dit : «J'ai un jeune qui n'arrête pas de m'appeler, il veut un travail. Je ne sais pas s'il est compétent mais, en tout cas, il est tenace. Je lui ai donné tes coordonnées.» «Ah non, je n'ai pas le temps de m'occuper de cela en ce moment», de lui répondre l'autre. Vous connaissez la suite.

Selon mes propres expériences, j'estime qu'en général le nombre de contacts avec un éventuel acheteur se situe aux environs de quatre ou cinq avant que la confiance soit suffisamment forte pour que la transaction ait lieu. Des fois plus, des fois moins.

Il suffit simplement que vous ayez une stratégie de con-tact ou de relance basée sur quatre ou cinq répétitions, dans un laps de temps raisonnable. N'appelez pas un éventuel employeur cinq fois en deux jours pour obtenir une entre-vue. Peut-être que cinq fois en deux ou trois semaines serait acceptable. Adaptez-vous aux circonstances et foncez.

La répétition est une clé importante du succès en vente.

Soupçon de VIE-naigrette

Un jour, j'ai voulu solliciter une grande entreprise spécialisée en distribution de pneus afin qu'elle utilise mes services de formation et de motivation pour ses deux mille employés.

J'ai donc amorcé mes démarches en appelant la réceptionniste pour lui demander le nom du directeur des ventes et des opérations. Je l'ai obtenu avec facilité. Je l'ai appelé une première fois, mais je n'ai pas réussi à lui parler. Je n'ai pas laissé de message parce que je sais, par expérience, que les appels de sollicitation sont rarement retournés. J'ai donc réessayé une deuxième fois. Toujours pas de réponse. J'ai réessayé une troisième fois, mais à une heure différente dans la journée. J'ai bien fait, car j'ai enfin pu lui parler et lui demander un rendez-vous afin de présenter mes programmes de formation. Il a répondu froidement qu'il retenait déjà les services d'un expert en formation et qu'il était satisfait. Cela fait un contact.

Qu'à cela ne tienne, deux jours après, je lui ai envoyé une lettre par la poste (c'est plus tangible qu'un courriel) pour le remercier de son accueil chaleureux et de sa gentillesse tout en y joignant un dépliant. Cela fait deux contacts (même si je ne lui ai pas parlé). Un mois plus tard, je l'ai rappelé à nouveau, cette fois pour lui offrir un cadeau. Je l'invitais gratuitement à un de mes cours (chez un autre client qui n'est pas en concurrence avec lui) pour qu'il puisse se faire une meilleure idée de mes compétences et du contenu de mes cours. Il m'a remercié de mon offre, mais il ne pouvait pas l'accepter pour le moment, faute de temps. Cela fait trois contacts. Nous avons donc convenu de nous rappeler dans deux mois. Ce qui fut fait et là, il a accepté mon invitation. Cela fait quatre contacts. Deux semaines plus tard, il s'est présenté à mon cours et on a eu l'occasion de discuter et de blaguer ensemble à la fin de la journée. Cela fait cinq contacts. Puis-je vous dire que la relation avec lui n'est plus du tout la même que lors de mon premier appel! Nous avons alors convenu de nous rappeler prochainement pour planifier un cours d'essai avec un des employés. Je l'ai rappelé et nous avons planifié une date. Oui, j'ai eu ma vente. Cela fait six contacts. Ouf! que de boulot, me direz-vous. C'est vrai, mais cela fait cinq ans que je présente, chaque année, plusieurs journées de formation aux employés de cette entreprise. Ces six contacts m'ont rapporté plus de 100 000 $ au moment d'écrire ces lignes. Est-ce que cela valait la peine de le faire? Assurément, et je pourrais vous raconter des dizaines d'autres histoires de ce genre.

6. Le lien de confiance demeure toujours fragile.

Comme vous le savez, elle est loin l'époque où on se trouvait un emploi pour la vie et qu'on faisait affaire avec un même fournisseur de services pour des décennies. Nous sommes maintenant à l'ère de l'instantané. Que ce soit pour le couple, un emploi, une maison, des vêtements, etc., si ça ne fait plus l'affaire, vite, nous changeons. Ce comportement nous oblige à toujours demeurer sur le qui-vive par rapport au service que nous rendons à un client ou à un employeur. La rapidité avec laquelle le marché évolue et la compétition mondiale font en sorte que nous sommes toujours sur la corde raide et jamais sûrs de rien. C'est correct parce que c'est de cette façon que l'être humain est à son meilleur. Fini les zones de confort et l'époque de la sécurité d'emploi en béton. Il faut donc continuellement se mettre à jour par rapport à nos connaissances et à nos compétences, en plus d'avoir l'esprit ouvert et d'être flexible aux changements.

Soupçon de VIE-naigrette

Je me rappelle que mon père a toujours assuré ses camions (il était en affaires) chez le même courtier. Chaque année, ce dernier passait à la maison pour faire le renouvellement des polices, il jasait avec mes parents une bonne partie de la soirée, puis il partait. On le revoyait l'année suivante. C'était un rituel et jamais mon père ne s'est dit un jour: «Je vais aller voir un autre assureur.» Tandis que moi, je magasine mes assurances tous les trois ans. Je ne change pas nécessairement d'assureur, mais je vérifie par principe. Peut-être parce qu'il y a tellement d'autres possibilités qui me sont offertes.

Si vous travaillez dans le domaine des services (comme consultant ou toute autre fonction similaire) ou si vous êtes employé au sein d'une compagnie, il serait bon de tenir un registre des résultats que votre client ou employeur a obtenus grâce à vous, au cours de la dernière année. L'objectif n'est pas nécessairement de se vanter, mais de remettre en mémoire certaines choses. Beaucoup de consultants me disent régulièrement que leurs clients ne voient pas toujours les résultats de leurs conseils et en viennent à conclure que leur présence est presque inutile. La vente de services a cela de particulier – et il en va de même pour des conseils provenant d'un consultant –, c'est de ne pas toujours laisser de traces tangibles des efforts investis et des résultats atteints.

Pour les clients et les employeurs, il est plus facile de reconnaître les efforts fournis par un individu lorsque ceux-ci donnent des résultats tangibles, par exemple lorsqu'il s'agit d'un employé qui a étendu un tas de terre durant l'après-midi. Le tas était là à midi et ne l'est plus à 17 heures. Cela se voit. Cependant, c'est un peu plus difficile d'être conscient de l'après-midi que vous avez passé à chercher une erreur comptable dans les états financiers du dernier trimestre. Pourtant, vous y avez passé plus de quatre heures.

Sans aller dans les détails, l'élaboration d'un tel registre peut servir lors de la facturation ou de votre évaluation annuelle auprès de votre employeur. Se vendre veut dire se vendre tout le temps, pas uniquement au début de la relation. C'est peut-être l'erreur que font certains individus relativement à leur couple.

Le fait de tenir compte de ces six réalités du marché vous fait prendre conscience des raisons qui poussent les acheteurs à vous choisir et à faire des affaires avec vous. Rien ne se fait tout seul ou par hasard ; le succès d'un individu qui réussit à se vendre repose toujours sur des efforts et de la stratégie.

Chapitre 10

Cinq questions essentielles à vous poser avant d'aller vendre

Maintenant que vous êtes un peu plus sensibilisé au fait que vous pouvez améliorer la façon de vendre votre salade, je vous invite à prendre un cahier et à répondre aux cinq questions suivantes, afin de mieux vous préparer. Prenez le temps qu'il faut.

1. Comment pouvez-vous faire ressentir le besoin d'utiliser vos services à un acheteur potentiel?

2. Qu'est-ce que les acheteurs potentiels perdent en n'utilisant pas vos services?

3. Comment pouvez-vous améliorer votre personnalité afin que les acheteurs potentiels vous trouvent crédible?

4. De quelle façon pouvez-vous multiplier le nombre de contacts avec vos acheteurs potentiels, afin de gagner leur confiance (quatre, cinq, six contacts)?

5. Comment pouvez-vous augmenter vos connaissances et vos compétences, et maximiser votre attitude afin de toujours

demeurer, dans l'esprit de l'acheteur, la meilleure solution pour lui?

Alors, c'est fait! J'espère que ces réflexions vous rendront encore plus conscient de votre impact personnel lorsque vous tenterez de vous vendre parce que, je le répète encore, rien ne se fait tout seul ou par hasard. Le succès d'un individu qui réussit à se vendre repose toujours sur des efforts et de la stratégie.

Chapitre 11

Avoir confiance en soi

Nous avons vu précédemment que la conviction en soi était un atout primordial. Je me permets ici d'élaborer un peu plus sur le sujet.

Nous avons tous une certaine confiance en soi. La plupart du temps, elle s'est développée au gré de nos expériences de vie, nos activités professionnelles, des défis que nous avons relevés et des efforts que nous avons investis (lecture, formation, etc.). Par exemple, vous avez confiance en vous si vous faites de la plongée sous-marine. Vous en faites depuis votre adolescence et vous maîtrisez bien les rudiments. Moi, je n'ai pas confiance en moi lorsqu'il s'agit de plongée sous-marine. Je n'en ai jamais fait et cela me fait peur.

Par contre, vous êtes peut-être mort de trouille lorsque vous devez parler en public, alors que moi, j'y suis très à l'aise. La confiance en soi est donc présente en nous d'office et fait partie des caractéristiques de l'humain. Je n'ai jamais entendu parler de confiance en soi chez les animaux. Dans leur cas, on va plutôt parler d'instinct. Par exemple, le tigre a un instinct de chasseur. Tous les tigres l'ont et il n'y en a pas qui ont plus confiance en eux que d'autres.

Chez les humains, la confiance en soi peut se développer. Que ce soit pour sauter en parachute, pour faire de la plongée sous-marine ou pour se vendre, la confiance en soi s'acquiert par l'apprentissage de connaissances de base auxquelles on ajoute de la pratique (action).

En ce qui concerne la vente, beaucoup de gens considèrent qu'«on l'a ou on l'a pas». On croit que certains viennent au monde vendeurs, que c'est génétique et que ça fait partie intégrale de leur personnalité. C'est vrai. Il y a des gens comme ça. Mais où je suis en désaccord avec cette façon de voir, c'est quand l'on croit qu'il y a juste eux qui sont capables de vendre. Selon moi, tout le monde peut vendre. De toute façon, tout le monde vend. Je vous l'ai déjà dit au début du livre.

Je compare plutôt cela au hockey, c'est-à-dire qu'il y a des «naturels», des gens qui l'ont naturellement et qui y excellent avec moins d'efforts que d'autres. Toutefois, le hockey peut être joué par n'importe qui, si la personne apprend les rudiments de base et qu'elle pratique souvent. La personne qui n'est pas un joueur naturel ne deviendra peut-être pas un joueur étoile, mais elle va pouvoir se débrouiller, jouer dans une ligue inférieure et s'amuser.

C'est la même chose pour la vente. Il y a des «naturels», mais tout le monde peut apprendre les rudiments de base et finir par se débrouiller convenablement s'il pratique régulièrement. Pour se vendre adéquatement, il n'est pas nécessaire d'être un vendeur étoile. Maîtriser la base et pratiquer régulièrement suffisent pour vous démarquer des autres et influencer le cours de votre vie.

Revenons-en à la confiance en soi, qui est la pierre angulaire de toute performance humaine. Il faut donc la développer si l'on veut se débrouiller un tant soit peu dans la vie.

On peut donc dire que n'importe qui peut acquérir de la confiance en lui dans une activité donnée par un apprentissage adéquat et de la pratique transposée en action. C'est très simple.

Chapitre 12

À éviter si vous voulez être motivé

Soyons clairs, il n'y a que vous qui puissiez augmenter ou diminuer votre niveau de confiance en vous. Aucune personne ni aucune circonstance ne peuvent y arriver, à moins que vous n'acceptiez d'être influencé, positivement ou négativement, par ce stimulus extérieur. C'est donc vous, et seulement vous, qui détenez les clés du coffre-fort de votre confiance personnelle.

Si vous voulez augmenter votre confiance en vous de manière durable, je vous suggère de commencer par éviter les situations ou les personnes qui peuvent vous l'enlever ou qui vous influencent négativement, et qui vous amènent inconsciemment à vous démotiver vous-même.

Souvent, ce qui vient en tête de liste des éléments démotivants est *l'environnement négatif* dans lequel vous vivez. C'est bien connu. Si vous fréquentez des gens qui vous rabaissent sans cesse, volontairement ou involontairement, c'est suffisant pour vous mettre à douter de vous-même. Par exemple, vous mentionnez à votre beau-frère que vous êtes un peu blasé de votre travail et que vous pensez sérieusement vous établir à votre compte. C'est à ce moment-là qu'il vous racontera l'anecdote de son collègue de travail qui a lancé son entreprise, qui a mangé sa chemise en quelques mois et qui, finalement, a dû se trouver un emploi moins bien payé que celui qu'il avait laissé. Avez-vous remarqué que les beaux-frères ne racontent jamais les histoires de ceux qui réussissent, mais toujours de ceux qui se sont cassé la gueule?

La nuit suivante, vous réfléchissez à ce que votre beau-frère vous a raconté et vous reliez cette anecdote à l'autre que votre voisin vous a racontée la semaine dernière. Cela suffit pour mettre de côté votre rêve, au moins pour un an.

L'environnement négatif, c'est aussi ce qu'on entend, voit et lit, ici et là. Les nouvelles du matin à la télé, la première page du journal, la tribune téléphonique à la radio, la conversation entendue de manière fortuite à la table d'à côté au resto, sont autant de stimuli qui, s'ils sont négatifs, peuvent vous gâcher rapidement une journée et vous convaincre que vous êtes mieux de demeurer dans votre situation actuelle.

L'environnement négatif est insidieux et terriblement efficace. Pourquoi? Parce qu'on manque de détails. Le beau-frère ne sait pas réellement pourquoi le projet de son collègue est tombé à l'eau. Il ne mentionne pas les erreurs qu'il a faites que vous ne feriez probablement pas. Il ne parle pas du contexte dans lequel le collègue se trouvait et qui est, à coup sûr, différent du vôtre, non plus du manque de compétences du collègue face à son projet, alors que les vôtres sont dix fois supérieures à lui, etc.

La plupart du temps, ce qui apparaît comme une expérience négative l'est parce que nous manquons de détails. Si vous approfondissez la situation négative, vous la comprendrez, vous la mettrez en perspective et elle deviendra positive pour vous, parce que vous serez dans une situation différente.

Morale : lorsqu'on vous raconte une anecdote négative pour vous mettre en garde par rapport à une idée que vous avez eue, cherchez à approfondir la situation et à découvrir le pourquoi de l'échec en question et servez-vous-en comme tremplin pour éviter ces erreurs. Si vous manquez d'informations pour approfondir la situation négative, alors oubliez-la rapidement et n'en tenez pas compte. Tous les échecs ont des causes et ils ne peuvent être considérés comme des vérités absolues.

Soupçon de VIE-naigrette

Lorsque j'ai décidé de quitter mon travail et de vendre ma participation dans une compagnie où j'étais actionnaire pour gagner ma vie à faire des conférences de motivation et de la formation, tout le monde m'a dit : « T'es malade. Ça ne marchera jamais. Tu n'as pas d'expérience. Voyons donc, Guy ! » Je les comprends un peu, c'était un choix de carrière surprenant. Cependant, sur quoi se basaient-ils pour prédire mon échec ? Rien du tout. Ils ne connaissaient rien de tous les efforts que j'avais faits pour me préparer à cela, les centaines de livres que j'avais lus, les cours que j'avais suivis. Ils ignoraient que je pouvais avoir un certain talent pour parler en public. Il y a seulement moi (et ma conjointe qui m'a toujours appuyé) qui étais en mesure de faire un véritable jugement de valeur relativement à mes possibilités de réussir ou non. Ils se sont ravisés depuis.

C'est la même chose pour vous, il n'y a que vous qui puissiez vraiment savoir ce que vous avez dans le ventre pour mener à bien votre projet de réussite.

Un autre élément démotivant, souvent invoqué pour remettre un projet à plus tard ou pour justifier un échec, est notre *bagage antérieur*, plus particulièrement celui acquis dans notre enfance. Combien de fois vous êtes-vous dit intérieurement «Ce n'est pas de ma faute, c'est parce que j'ai manqué d'amour quand j'étais jeune», ou encore «La vie ne m'a pas choyé, j'ai été élevé par des parents qui m'ont rabaissé».

Je vous entends penser aux sempiternels clichés québécois: «On est né pour un p'tit pain. On n'est pas riche, mais on est heureux. L'argent ne fait pas le bonheur. T'es pas capable, tasse-toi de là, fais pas confiance à personne», etc.

Il est vrai que ces phrases, lorsqu'elles sont entendues à répétition, ont assurément un effet sur notre confiance en soi au moment où on les entend. Toutefois, elles ne peuvent pas, selon moi, créer une garantie d'échec toute votre vie durant, à moins que vous ne les entreteniez vous-même chaque jour.

Nombreuses sont les personnes qui ont vécu une enfance «paralysante» et qui ont accompli de grandes choses dans leur vie. Si vous avez lu le livre de Jacques Demers, *En toutes lettres*, vous comprendrez vite qu'il n'a pas eu une enfance à l'eau de rose et n'en a pas moins accompli une carrière digne de mention dans le monde du hockey et des médias. Il y a plein d'exemples comme cela. Si nous nous servons constamment de notre éducation et de notre situation soi-disant «particulières» pour justifier nos échecs ou notre procrastination, c'est que nous n'avons pas encore découvert le potentiel qui se trouve en nous et que, finalement, ça fait notre affaire de râler plutôt que de passer à l'action.

Quelqu'un que je connais mentionne souvent qu'il manque de confiance en lui parce que, enfant, son père lui a toujours crié à tue-tête et ne lui a jamais dit «Je t'aime». Cependant, dans d'autres conversations, il relate les voyages de pêche qu'il faisait avec son père étant jeune, la motoneige que celui-ci lui avait achetée à l'âge de quinze ans et plein d'autres anecdotes de famille qui démontrent, hors de tout doute, que son père l'a toujours aimé, mais qu'il ne lui disait jamais. Il faut avoir la perspicacité de lire entre les lignes et de comprendre que des gestes valent autant que des mots. À cette époque, au Québec (on parle des années 1960), rares étaient les pères qui disaient à leurs enfants «Je t'aime» et encore moins qui leur faisaient des câlins. Ça ne veut pas dire pour autant qu'ils ne les aimaient pas.

Admettons que votre père (lire: parents, mère, tuteur, etc.) ne vous a jamais dit qu'il vous aimait, par exemple parce qu'il était toujours absent ou soûl. Ça ne justifie quand même pas le fait que vous ne vous aimiez pas. Avec ce raisonnement, cela voudrait dire que tous les enfants devenus orphelins de père et de mère en bas âge ne feraient rien de bien dans la vie sous prétexte que leurs parents n'étaient pas là pour leur dire «Je t'aime». Pourtant, c'est souvent le contraire, les orphelins ont plutôt tendance à bien réussir leur vie parce qu'ils ont dû se prendre en main dès leur jeune âge.

Peut-être que les personnes plus négatives se diront que ce n'est pas juste parce qu'elles ne sont pas orphelines. Si elles l'avaient été, elles auraient appris à se prendre en main beaucoup plus jeunes, alors qu'elles ont eu des parents et que c'est à cause d'eux que leur progression a été ralentie.

C'est comme ceux qui font faillite et qui disent que ce n'est pas de leur faute, que le crédit est rendu trop facile et qu'il y a trop de cartes de crédit disponibles sur le marché, disent-ils. Ou encore, c'est la personne obèse qui veut poursuivre les chaînes de restauration rapide. Mais, bon sang, que fait-on de la responsabilité individuelle?

Il faut donc se servir de notre bagage antérieur pour bâtir notre confiance en soi. Si votre bagage antérieur a été positif, basez-vous sur ces enseignements pour progresser, et si votre bagage antérieur a été négatif, servez-vous de ces enseignements pour faire le contraire et progresser. C'est vous qui décidez.

Un autre facteur qui nuit à la confiance en soi est *le manque de ténacité*, c'est-à-dire la mauvaise habitude de penser que parce que c'est difficile, ce n'est pas réalisable. Le manque de ténacité nourrit la médiocrité et le sentiment que nous sommes moins bons. Ce faisant, il enlève la confiance en soi.

Certains s'en servent comme excuse à leur insuccès, et d'autres comme prétexte à l'inaction. «J'ai déjà essayé et ça n'a pas marché.» «J'ai déjà fait ça et je n'ai pas aimé ça.» «Ça fait trois régimes que j'entreprends et je reprends toujours tout le poids perdu par la suite, ça ne donne rien.» «Je leur ai déjà donné mon opinion et ils n'ont rien changé, alors qu'ils s'arrangent.» On pourrait continuer ainsi longtemps.

Écoutez les excuses de votre entourage et vous verrez que c'est souvent semblable. Cependant, qu'en sait-on? Peut-être qu'en suivant un régime de plus, je réglerais mon problème de poids à tout jamais? Peut-être que si je donnais mon opinion une fois de plus, on la considérerait? Etc. Les gens qui ont confiance en eux sont persuadés que tout est possible et que si ça n'a pas fonctionné cette fois-ci de cette manière-là, ils vont réessayer une autre fois, d'une autre façon, jusqu'à ce que ça fonctionne. En fait, le manque de ténacité alimente souvent le manque de confiance en soi.

Finalement, *l'envie et la convoitise* face aux autres peuvent aussi s'avérer extrêmement destructeurs pour la confiance en soi. Le fait de toujours se comparer aux autres, de manière négative, amène à penser que la vie est injuste et que c'est toujours les autres qui ont tout et vous, jamais rien.

L'envie et la convoitise nourrissent la rancœur, amènent une fausse perception de la réalité, incitent à «prendre des raccourcis» en justifiant le vol et la fraude. «Bof, ce n'est pas grave, le patron est riche, quand bien même que j'apporterais cet outil à la maison, ça ne fera pas une grande différence.» C'est à cause d'un certain manque de confiance en soi jumelé à la peur d'affronter le mécontentement des actionnaires que les dirigeants d'Enron ont pris la décision de maquiller les chiffres et de présenter des résultats trimestriels différents de la réalité.

Dans d'autres cas, l'envie et la convoitise, c'est tout simplement de regarder le voisin, d'envier sa situation et de se dire que la vie est injuste. Comme on le dit souvent: «Le gazon du voisin a toujours l'air plus vert que le nôtre.» Encore une fois, c'est la méconnaissance des détails qui nourrit la convoitise.

Lorsque nous regardons le gazon du voisin, nous le voyons d'un angle qui ne nous permet pas d'y voir tous les défauts. Il en va de même lorsque nous nous comparons aux autres. Nous biaisons les faits car nous ne connaissons pas la réalité de leur cheminement ni leurs problèmes. Nous ne savons pas ce qu'ils ont dû affronter ni les efforts qu'ils ont dû investir, ni le temps que cela leur a pris pour devenir ce qu'ils sont. Bref, notre vision est erronée sur toute la ligne.

De plus, l'envie et la convoitise sont souvent à la base de la critique des autres. Combien de temps et d'énergie sont dépensés à critiquer les autres, en leur absence, sans pour autant avoir aucune influence sur la situation? Si nous investissons le temps utilisé à critiquer les autres pour faire plutôt de l'autosuggestion et nourrir notre pensée créatrice, nous irons beaucoup plus loin.

Nous avons donc avantage à nous comparer à nous-mêmes et jamais aux autres. Nous pouvons aspirer à être ce que d'autres sont devenus, mais il est certain que notre cheminement sera différent d'eux parce que nous sommes différents d'eux.

L'envie et la convoitise sont des sentiments qui enlèvent la confiance en soi et amènent à penser qu'il y a des injustices partout, alors que dans notre système nord-américain, tout le monde a une chance de réussir s'il pose les actions qui visent à la réussite. Il est facile d'envier celui qui a une grosse maison et qui gagne beaucoup d'argent, mais il faut aussi prendre en considération qu'il a peut-être fait des études avancées ou qu'il a dû contourner un handicap sérieux, alors que nous avons peut-être abandonné nos études en 5e secondaire. L'envie et la convoitise devraient être bannies de notre schème de pensée.

En résumé, les quatre éléments qui sont le plus susceptibles de nous enlever notre confiance en nous sont: l'environnement négatif, notre bagage antérieur, notre manque de ténacité, l'envie et la convoitise. Je vous suggère de vous tenir loin de ces situations et émotions négatives.

Chapitre 13

Des idées pour augmenter votre confiance en soi

Regardons maintenant ce qu'il est possible de faire pour augmenter notre confiance en soi.

Socrate a dit un jour : « Connais-toi toi-même. » Vous connaissez-vous vraiment ? Êtes-vous réellement conscient de vos forces ou êtes-vous uniquement orienté sur vos faiblesses ?

Le premier pas pour avoir confiance en soi est de *faire un inventaire personnel positif*. Cela veut dire écrire vos qualités, vos talents et les bons coups que vous avez réalisés dans votre vie jusqu'à maintenant. Prenez le temps de le faire. Dressez-en une liste la plus complète possible. Révisez-la tous les six mois et ajoutez-y vos nouveaux succès.

L'objectif est que vous deveniez conscient de qui vous êtes vraiment par rapport au côté positif des choses. La plupart des gens ont une mémoire sélective de leur vie. Ils ont plus tendance à se souvenir des mauvais coups qu'ils ont faits et, surtout, des malchances qui leur sont tombées dessus, plutôt que de leurs réalisations positives. Apportez toujours cette liste avec vous. Placez-la dans votre portefeuille ou dans votre sac à main, et relisez-la de temps à autre, particulièrement lorsqu'un événement négatif vient de se produire. Dans ces cas-là, nous avons souvent tendance à mettre l'accent sur le négatif et à nous remémorer toutes les situations semblables que nous avons vécues dans le passé.

Par exemple, vous attendiez une réponse importante pour un emploi et, malheureusement, celle-ci est négative. Voilà que le négatif monte en vous. Votre voix intérieure entre en action. Votre esprit fouille dans votre mémoire et la déprime fait son apparition. «C'est toujours à moi que ça arrive. Juste comme mes affaires commençaient à bien aller, voilà qu'on me refuse cet emploi. C'est l'histoire de ma vie. Ça s'est toujours passé comme ça. Même quand j'étais jeune...»

La prochaine fois que cela vous arrivera, au lieu de ressasser le passé négativement, sortez votre liste de réalisations positives et relisez-la à haute voix, s'il le faut. Orientez votre pensée vers les bonnes choses que vous avez faites, et non les mauvaises. Le lendemain, lorsque la tempête émotionnelle sera passée, vous pourrez regarder objectivement les faits et analyser pourquoi vous n'avez pas eu le poste.

Être conscient de ses forces et être capable de s'y accrocher lorsqu'il arrive un événement négatif est un atout incroyable.

Soupçon de VIE-naigrette

Il y a quelques années, dans un de mes ateliers, un jeune homme dans la vingtaine qui semblait, en apparence, avoir eu un passé assez trouble m'avait dit qu'il ne réussissait pas à se remémorer un seul bon coup qu'il avait fait dans sa vie. Je lui ai dit que c'était impossible, qu'il avait sûrement déjà fait quelque chose de bien mais que c'était tellement enfoui, loin dans sa mémoire, qu'il ne s'en souvenait pas. Je lui ai donc demandé d'y réfléchir et de me le faire savoir lorsqu'il le trouverait. Trois jours plus tard, je reçois un coup de téléphone de Martin (nom fictif) : « Je pense que j'ai trouvé un bon coup », dit-il avec hésitation. « Qu'est-ce que c'est ? » ai-je demandé. « Quand j'avais environ 15 ans, à la plage avec des amis, il y avait des enfants qui se baignaient. À un moment donné, j'ai vu une petite fille de sept ou huit ans qui était en train de se noyer dans le lac. J'ai été le premier à m'en apercevoir. J'ai nagé vitement jusqu'à elle, je l'ai ramenée au bord et ses parents sont accourus. Ils m'ont remercié de l'avoir secourue et de lui avoir sauvé la vie. » « C'est excellent, Martin, tu as sauvé la vie d'un être humain. Bravo ! Je te suggère maintenant d'écrire cette anecdote sur une feuille et de toujours la conserver sur toi. Lorsqu'un événement négatif viendra entacher ta journée, sors ta feuille et repense à ta bonne action. » Il a dit : « OK, je vais faire ça ! » Je n'ai jamais réentendu parler de Martin, mais je souhaite de tout cœur qu'il ait pris cette bonne habitude et, qui sait, peut-être a-t-il ajouté d'autres bons coups.

Tout en étant conscient de vos forces, je vous suggère de vous inventer un élément déclencheur d'émotions positives et d'y avoir recours lorsque c'est nécessaire. Cet élément peut être une phrase, un mot, une mélodie, une émotion, une pensée, etc. Choisissez ce que vous voulez, mais il faut qu'il soit associé, dans votre esprit, à une orientation positive immédiate.

Par exemple, vous avez sûrement déjà vu travailler des hypnotiseurs. Lorsque le sujet est sous leur contrôle, ils vont lui ordonner, par exemple, de se mettre immédiatement à japper lorsqu'il entendra le mot «chien». Dans ce cas-là, c'est le mot «chien» qui est le déclencheur, et le sujet se met à japper. Vous pouvez utiliser ce même stratagème avec vous-même. Vous n'avez qu'à décider que lorsque vous dites un mot déclencheur de votre choix, vous devenez automatiquement positif et confiant en vos moyens. À l'inverse, les grands acteurs emploient ce truc pour avoir des émotions négatives et pleurer.

Trouvez votre élément déclencheur, associez-le à votre inventaire personnel positif et vous pourrez devenir confiant en vous aussi souvent et rapidement que vous le désirez. J'utilise ce truc depuis des années et ça fonctionne. Il s'agit d'une petite phrase que je me répète dans ma tête, et me voilà prêt à affronter une situation stressante.

Être conscient de ses forces aide grandement à avoir confiance en soi.

Une autre habitude qui peut vous aider à augmenter votre niveau de confiance en vous est le fait de *vous remplir de positif* le plus souvent possible. C'est nous qui choisissons notre carburant émotionnel. Si nous remplissons notre esprit de toutes les mauvaises nouvelles qui nous entourent, c'est certain que notre esprit va carburer au négatif, puisque c'est ça que nous lui avons mis à l'intérieur.

Il faut donc être sélectif dans le choix des informations que vous laissez entrer dans votre esprit. Si vous êtes du genre à regarder tous les bulletins de nouvelles, surtout les faits divers, que vous écoutez régulièrement des tribunes téléphoniques, que vous lisez tous les journaux et magazines à sensation, et que vous tendez l'oreille à tous les potins qui circulent à la cafétéria où vous travaillez, il y a fort à parier que vous trouvez que le monde va de mal en pis et que vous êtes toujours déprimé.

Faites les bons choix, votre santé émotionnelle en dépend. C'est un peu comme l'alimentation : nous sommes ce que nous mangeons. Eh bien, nous sommes aussi ce que nous écoutons et laissons entrer dans notre esprit.

Si, au bureau, deux collègues se mettent à déblatérer à propos d'une personne ou d'une situation, éloignez-vous. Fuyez le négatif. Si vous écoutez une émission qui raconte les détails croustillants d'une situation négative, changez de chaîne. Bref, pour avoir confiance en soi, il faut choisir ce que vous lisez et écoutez, ainsi que ceux avec qui vous vous tenez.

Il faut aussi apprendre à *vous dire que vous êtes bon*. J'ai déjà mentionné de ne pas vous vanter en présence des autres, mais vous devriez le faire souvent lorsque vous êtes seul. Surtout le matin, au lever, prenez la bonne habitude de vous regarder dans le miroir, de vous répéter que vous êtes bon et que vous vous aimez. Il n'y a pas de mal à se dire du bien de soi, au contraire, c'est très sain. Émile Froment, un conférencier motivateur, disait ceci : « Il est bon de dire du bien de soi. Ça va finir par se répéter et on ne saura plus d'où ça vient. » De toute façon, la neutralité est assez difficile à observer lorsque nous nous parlons à nous-mêmes. Ou bien nous nous aimons, ou bien nous ne nous aimons pas et, dans le dernier cas, si nous ne cessons pas de le répéter, nous finirons par nous en convaincre et deviendrons défaitistes dans tout ce que nous entreprendrons.

Il n'est pas plus difficile de se dire qu'on est bon que de se dire qu'on ne l'est pas. Ça prend le même temps et la même énergie, mais ça ne produit pas le même résultat à moyen et à long termes. Commencez dès aujourd'hui et n'abandonnez jamais. Assurez-vous d'être seul évidemment. Ce n'est peut-être pas une bonne idée de vous dire que vous êtes bon en présence d'autres personnes. On fait cela en privé. Regardez-vous dans le miroir, arborez votre plus beau sourire et dites : «Je m'aime», «Je réussis tout ce que j'entreprends», «Je suis le meilleur»!

Une autre habitude pour augmenter notre confiance en soi consiste à *répandre du bonheur autour de nous*. Je sais que ça peut ressembler un peu au curé du village qui dit : «Répandez la bonne nouvelle, chers paroissiens», mais ce n'est pas dans ce sens-là qu'il faut le comprendre.

Utilisez la magie du compliment pour modifier l'ambiance dans laquelle vous évoluez. Ça implique, comme je le mentionnais précédemment, d'éviter de critiquer les autres en leur absence, mais aussi de faire des compliments à ceux qui vous entourent. Lorsque vous faites un compliment à quelqu'un, un compliment sincère et bien senti, ce que vous faites en réalité, c'est de l'aider à augmenter sa confiance en lui. Évidemment, il ne pourra que vous le retourner, et si jamais ce n'était pas le cas, ce n'est pas grave, la personne est peut-être préoccupée en ce moment. De toute façon, vous le faites gratuitement et non pour que le compliment vous soit retourné.

Cependant, dans la plupart des cas, le compliment va vous être retourné, ce qui aura pour effet d'augmenter aussi votre confiance en vous. Prenez la bonne habitude de faire cinq compliments, chaque jour, aux gens qui gravitent autour de vous, et vous les verrez se transformer et vous de même. Pour eux, vous deviendrez quelqu'un avec qui il fait bon être.

Vous connaissez sûrement des personnes qui, lorsque vous êtes avec elles, font que vous vous sentez grandi et valorisé. Vous en connaissez d'autres aussi qui, lorsque vous les rencontrez, vous font sentir petit et moins que rien, et cela vous laisse toujours un sentiment désagréable. Si vous analysez bien ces deux types de personnes, vous découvrirez rapidement

que les premiers ont confiance en eux, parlent rarement négativement, s'intéressent à vous et vous font des compliments
sincères. Quant aux autres, c'est le contraire, ils parlent sans
cesse d'eux, vous coupent la parole et racontent leurs problèmes en détail, et si vous tentez de partager un peu les
vôtres, ils ne vous écoutent absolument pas. Ils ont tellement
besoin d'énergie pour être négatifs qu'ils siphonnent la vôtre
comme un vampire le ferait avec votre sang.

Il est préférable d'imiter les premiers et de rechercher leur
présence. Faites tout ce que vous pouvez pour éviter, le plus
possible, les seconds. Je sais, je sais, c'est plus difficile à dire
qu'à faire lorsqu'ils font partie de la famille. À tout le moins,
prenez vos distances lorsque vous le pouvez.

Répandre du bonheur autour de nous permet d'augmenter notre confiance en soi et celle des autres, et cela crée une
aura autour de nous. Si vous ajoutez, à cette bonne habitude,
un sourire et de l'enthousiasme, vous deviendrez, peu à peu,
une personne qui a du charisme. Avouez que vous avez toujours rêvé d'avoir du charisme, n'est-ce pas? Eh bien, c'est à
votre portée! Ça ne dépend que de vous.

Toujours dans le but d'augmenter votre confiance en vous,
je vous suggère de *relever des défis*. Vous allez peut-être me dire
que votre vie en est déjà remplie. Peut-être, mais je parle de
défis que vous vous imposez à vous-même. Dans la vie, on rencontre deux sortes de défis, ceux que nous choisissons et ceux
que la vie choisit pour nous.

Vous pouvez choisir de retourner aux études à quarante ans,
de créer votre entreprise, de postuler un autre poste ou de
perdre du poids. Ce sont des défis que vous choisissez et, en
général, ils sont stimulants.

Mettre au monde un enfant handicapé, être frappé par une
maladie grave, avoir un accident (attention, si vous êtes impru-
dent, c'est un peu comme si vous choisissiez d'avoir un acci-

dent) sans en être responsable, ou même être victime d'un incendie sont des défis que nous ne choisissons pas mais que la vie nous impose de temps à autre.

Pour augmenter la confiance en soi, il est essentiel de relever des défis. Plus vous en aurez à relever, plus vous aurez confiance en vous. Je n'irais pas jusqu'à dire qu'il est souhaitable de relever d'énormes défis, mais je peux affirmer que cela fait de nous de meilleures personnes. C'est comme si les défis servaient à polir notre moi. Si je poursuis cette analogie, je pourrais dire que lorsque nous sommes jeunes, nous sommes des diamants bruts. Nous manquons de fini. Notre personnalité n'est pas vraiment exploitée à sa pleine valeur (elle ne le sera jamais d'ailleurs), ce sont nos expériences de vie, notre éducation et notre instruction qui, petit à petit, donneront du lustre à notre personne. Plus une personne relève de défis dans sa vie, plus rapidement elle brille de tout son éclat. Je suis toujours impressionné quand j'entends, lors de téléthons ou autres activités semblables, des jeunes de huit ou neuf ans qui, après avoir vaincu une maladie grave, s'expriment comme s'ils en avaient trente et plus. Ils ont une maturité et une profondeur d'âme qu'ils ont héritées de leur combat contre la maladie.

Je reviens aux choix. Choisissez-vous des défis à relever et vous augmenterez votre niveau de confiance en vous. Attention, optez pour des défis qui en sont vraiment, qui vous demandent de réels efforts. «Un arbre fait des racines plus fortes s'il grandit dans un environnement hostile.» S'il grandit en pleine forêt protégé du vent par les autres arbres, il ne sera pas bien fort. S'il est en plein champ, face au vent, il développera des racines puissantes qui lui permettront de devenir majestueux.

Vous êtes cet arbre seul dans un champ. Parce qu'au fond, dans la vie, nous sommes toujours seuls. C'est donc à vous de choisir de relever vos défis et de devenir majestueux.

Soupçon de VIE-naigrette

Un jour, après une conférence à un congrès d'agents immobiliers, un de ceux-ci est venu me voir et m'a dit: «Je viens de commencer en tant qu'agent immobilier, que devrais-je faire pour réussir?» Je lui ai répondu: «C'est très simple, Monsieur, imitez ceux qui ont du succès. Informez-vous auprès de ceux qui sont ici, à savoir qui est le meilleur agent immobilier. Allez le rencontrer, offrez-lui de lui payer un bon lunch et demandez-lui ce qu'il fait pour réussir. Il va vous expliquer ça avec plaisir. Pour une fois qu'un agent s'intéresse vraiment à lui plutôt que de le jalouser. Faites ce qu'il fait, à la lettre, et je vous garantis le succès.»

La recette est tout ce qu'il y a de plus simple. Vous voulez avoir du succès? *Imitez ceux qui ont du succès* dans le domaine où vous voulez avoir du succès.

Soupçon de VIE-naigrette

Il y a vingt ans, j'ai déjà connu un jeune mécanicien qui rêvait d'avoir son propre atelier de mécanique générale, sauf que son meilleur ami avait déjà tenté l'expérience et ça n'avait pas fonctionné. Évidemment, à force d'entendre son ami lui expliquer pourquoi il en était ainsi, il a remis le projet de semaine en semaine, puis de mois en mois. Après l'avoir perdu de vue pendant plusieurs années, je l'ai soudain rencontré chez mon concessionnaire automobile (où il travaillait) et, quand je lui ai demandé s'il avait mis son projet à exécution, il m'a répondu: «Non, de toute façon, de nos jours, c'est trop cher de se lancer en affaires. En plus, la compétition est trop forte. Ma petite job, mes petites affaires, c'est bien correct comme ça.» C'est son choix, il a imité son ami. Cependant, cela aurait pu se passer autrement si...

De tout temps, il y a toujours eu des obstacles à la réalisation des rêves des gens et il y en aura toujours. Durant le temps que vous pensez aux obstacles et remettez vos projets à plus tard, d'autres imitent ceux qui ont du succès et réalisent les leurs.

Il n'y a rien de plus stimulant pour la confiance en soi que d'atteindre des objectifs et de réaliser des rêves. Évidemment, pour réaliser nos rêves, il faut *avoir des objectifs clairs*. Le fait de viser quelque chose oriente automatiquement nos actions vers une réalisation consciemment choisie. Prenez, par exemple, une personne qui voudrait perdre du poids. Si elle se dit: «Il faudrait bien que je me mette au régime!», il y a fort à parier qu'il ne se passera pas grand-chose. Elle fera attention pendant deux ou trois jours de suite et, le week-end suivant, elle succombera à la tentation. Cependant, si vous vous fixez des objectifs précis, avec une date de réalisation précise, et que vous subdivisez votre objectif en tranches successives, cela deviendra atteignable. C'est ça, la magie des objectifs. Je vous certifie que ça marche. Je l'ai fait.

« Soupçon de VIE-naigrette »

À la fin de 2005, je me suis fixé comme objectif de modifier mon alimentation, afin de perdre 1/2 kg par semaine. Ce n'est pas beaucoup, mais je me suis imposé de nouvelles habitudes alimentaires, basées sur cet objectif. Soixante-cinq semaines plus tard, j'avais maigri de 30 kilos. Quel bonheur! J'avais atteint mon objectif.

On pourrait comparer le fait de se fixer des objectifs à un missile à tête chercheuse. (Je sais que l'exemple n'est pas très pacifiste, mais c'est le seul qui me vient à l'esprit.) Si vous ne programmez pas d'objectif précis à votre missile, il va aller où le vent va le mener. Toutefois, si vous le programmez vers une destination précise, il va contourner les obstacles en cours de route et atteindre son objectif. Le fait de vous fixer des objectifs équivaut à mettre en action votre «tête chercheuse».

Par rapport à votre propre vie, que voulez-vous atteindre et quand voulez-vous l'atteindre? Soyez à la fois réaliste et rêveur. Vous fixer des objectifs que vous êtes certain d'atteindre facilement n'aidera pas votre confiance en vous. Votre confiance va augmenter seulement si vous devez faire des efforts pour l'atteindre. Il n'y a rien de bien plaisant de gagner un match 6 à 1, mais quelle satisfaction que de le gagner 2 à 1 avec des tirs de barrage! La satisfaction provient de l'effort et la confiance en soi, de la satisfaction obtenue avec l'effort et les difficultés.

Le fait d'avoir terminé vos études universitaires, bâti une entreprise, rénové votre maison de vos propres mains ou obtenu un poste convoité est autant d'éléments qui bâtissent la confiance. À l'inverse, les erreurs, les mauvais choix, surtout s'ils sont faits à répétition, ont l'effet contraire.

Pour certaines personnes, ce n'est pas le fait de ne pas avoir d'objectifs qui pose un problème, c'est plutôt le fait de ne pas savoir quoi viser. Elles ne savent carrément pas ce dont elles ont envie ou ce qu'elles pourraient faire. Elles ont bien des souhaits et des envies, ici et là. Elles aimeraient bien avoir une Porsche un jour, ou une grande maison avec piscine intérieure, mais de faire passer ces vagues souhaits à de véritables objectifs, voilà le vrai défi.

Je n'ai pas l'intention d'élaborer davantage sur la façon de se fixer des objectifs et de les atteindre, d'autant plus qu'il existe d'innombrables ouvrages sur le sujet. Seulement, je mentionnerai qu'il faut prendre le temps d'y réfléchir. Que voulez-vous absolument atteindre qui va vous demander suffisamment d'efforts pour générer une bonne dose de satisfaction personnelle lorsque vous l'aurez obtenu? C'est cela qu'il faut viser. Peut-être connaissez-vous déjà la réponse à cette question ou peut-être que cela vous prendra quelques mois, voire quelques années, avant de la découvrir, mais cherchez-la et vous la trouverez un jour ou l'autre.

Je ne pourrais compléter cette liste sans vous suggérer de faire de l'imagerie mentale. Évidemment, il faut avoir quelque chose à visualiser. C'est pour cela qu'il vous faut avoir des objectifs clairement définis. Il n'y a rien de logique dans cette démarche, je ne connais pas d'études sérieuses à ce sujet et je ne sais pas vraiment pourquoi cela fonctionne, mais ça fonctionne. En ce qui me concerne, c'est suffisant, je ne veux pas comprendre en détail le phénomène «cosmique» qui régit la visualisation, et loin de moi l'idée de vous l'expliquer (j'ai remarqué que la plupart des gens qui tentent d'approfondir le sujet finissent par se perdre dans toutes sortes d'autres théories plus ou moins utiles dans le fait d'être capable de vendre sa salade).

Dans mon cas, je me sers de la visualisation ou de l'imagerie mentale un peu comme je me sers de l'électricité. Je n'ai pas besoin de comprendre comment voyagent les électrons dans les fils ni quel phénomène régit les atomes, mais je sais que lorsque je lève l'interrupteur, la lumière s'allume. Ça me suffit. Il en est de même pour l'imagerie mentale. Si j'utilise la visualisation à répétition et avec conviction, les choses demandées se produiront dans ma vie. Dans mon cas, le score est de 100 %. Tout ce que j'ai vraiment désiré et visualisé à répétition s'est manifesté dans les mois ou les années plus tard. Eh oui, on parle de mois ou même d'années. Il faut donc être confiant et patient.

Attention, il est faux de croire que tout ce qui se passe dans notre vie est uniquement le fruit de nos désirs et de notre visualisation. Je vous jure n'avoir jamais visualisé avoir le cancer et j'en ai pourtant été atteint. Il semble que nous ne contrôlions pas toutes les facettes de notre vie, mais j'ai aussi visualisé que je serais, un jour, un conférencier réputé et talentueux, alors que j'étais laitier avec peu d'études.

En clair, il suffit de prendre deux petites minutes chaque matin et chaque soir pour visualiser mentalement l'objectif que vous voulez atteindre. Imaginez-vous un petit extrait de film, à la manière de YouTube, dans lequel vous jouez et qui vous place en situation d'accomplissement de votre objectif. Si vous voulez gagner une médaille aux Jeux olympiques, vous vous voyez clairement lorsqu'on vous remet la médaille et vous tentez de ressentir les mêmes émotions que si vous y étiez. Vous souhaitez un jour obtenir un poste en particulier ? Alors, voyez-vous lorsque vous recevez l'appel qui vous annonce que vous avez été choisi. Vous raccrochez le téléphone et vous sautez de joie. Tous ceux qui ont accompli une performance humaine ont imaginé que cela leur arriverait. Emerson a dit un jour: «Tel un homme pense en son cœur, tel il est!»

Si vous jumelez le fait d'avoir des objectifs clairs à celui de faire de l'imagerie mentale, vous contrôlez une partie de votre destin. N'est-ce pas extraordinaire? En prime, vous augmentez votre confiance en vous et cela vous aide vers l'accomplissement d'autres objectifs.

En résumé, pour avoir confiance en soi et augmenter sans cesse cette confiance, il faut:

1. faire son inventaire personnel positif;
2. se remplir de positif;
3. se dire souvent qu'on est bon;
4. répandre du bonheur autour de soi;
5. relever des défis;
6. imiter ceux qui ont du succès;
7. avoir des objectifs clairs;
8. faire de l'imagerie mentale.

Chapitre 14

Notre conversation intérieure

Chacun de nous passe beaucoup de temps en conversation intérieure avec lui-même. Ce temps peut varier d'une personne à l'autre, mais je l'évalue à environ 80 % de notre temps éveillé. C'est donc plusieurs heures par jour et, pour certains, c'est même une occupation de nuit.

Il importe de comprendre qu'à ce sujet, nous sommes les seuls maîtres à bord. Bien que les circonstances ou les gens autour de nous puissent quelque peu influencer notre conversation intérieure, c'est nous et seulement nous qui décidons de la meubler comme bon nous semble. Nous en sommes donc totalement responsables.

Notre conversation intérieure est divisée en quatre parties distinctes.

1. Notre quotidien

C'est tout ce qui concerne ce que nous avons à faire au quotidien. Par exemple, au moment où j'écris ces lignes, ma conversation intérieure précède les prochains mots que je vais taper sur le clavier. Je prépare mes phrases mentalement, j'y pense, je les écris et je les relis pour m'assurer qu'elles correspondent bien à ce que veux dire. La même chose se produit lorsque vous lisez ce livre. Occasionnellement, votre esprit décroche et vous pensez à des choses qui ont rapport à votre lecture, mais qui se passent dans votre propre vie. Cela meuble votre conversation intérieure. Ce sont aussi les réponses que vous vous préparez mentalement à dire lorsque vous êtes dans votre voiture, avant d'arriver à une entrevue importante. C'est le fait de vous remémorer que vous devez acheter du pain et du lait en revenant à la maison ce soir, etc. Bref, le quotidien.

2. Notre autoévaluation

Nous passons aussi une grande partie de notre conversation intérieure à nous juger nous-mêmes. Cela peut être de la fierté personnelle par rapport à une question que vous venez de poser à l'animateur d'une réunion ou en regardant la galerie que vous venez de réparer de vos propres mains. Cela peut être aussi de la démotivation, de la déprime et même du mépris par rapport à vous-même. Combien d'heures passez-vous à vous mépriser vous-même et à vous détruire? «Je ne m'aime pas», «Je ne suis pas capable», «Je suis laid», «Je ne suis pas bon dans telle affaire», «Je vieillis mal», etc. Pour certains, la liste peut être longue.

Émile Froment, que j'ai cité précédemment, disait: «Ça ne donne rien de se dire du mal de soi. Les autres s'en chargent!» C'est une grande vérité.

Je n'ai nul besoin de vous rappeler que pour augmenter votre confiance en soi, il est important que vous dosiez bien votre autoévaluation. Le fait de faire une autoévaluation le plus souvent possible positive plutôt que négative fera une énorme différence dans votre vie.

3. Notre évaluation des autres

Eh oui, nous jugeons constamment les autres. Il y en a même pour qui c'est un travail à temps plein. En fait, c'est notre désir d'autoévaluation qui nous force à nous comparer constamment aux autres. Avouez qu'il vous est assez facile de faire un commentaire sur votre voisin ou même sur une personne que vous croisez dans la rue.

Des fois, cela peut prendre la forme de jalousie ou d'envie. «Ce sont toujours les mêmes qui ont tout», «Ce n'est pas juste, son père est né avant lui», «Regarde-le faire son frais», etc.

Dans d'autres cas, c'est carrément de la médisance. «Il est comme ça, lui», «Ça s'peux-tu s'habiller de cette façon?», «Il me tombe assez sur les nerfs», «Je ne peux pas le sentir», etc.

En fait, il y a un grand sentiment d'infériorité (manque de confiance en soi) qui est véhiculé par notre évaluation des autres et nos critiques incessantes. À l'inverse, plus les gens ont confiance en eux, plus il leur est facile de penser et de dire du bien des autres. On peut même en venir à être content du succès et des réalisations des autres, incluant ses proches.

En cessant ou, à tout le moins, en diminuant nos critiques négatives gratuites envers les autres et en les remplaçant par des commentaires élogieux ou, au pire, en s'abstenant de tout commentaire, cela devrait nous permettre de récupérer ce temps pour nous valoriser et nous motiver nous-mêmes.

Encore une fois, nous sommes totalement responsables de notre conversation intérieure et du jugement que nous portons sur les autres.

4. Nos inquiétudes

Ce sont nos doutes, nos peurs, nos inquiétudes, nos appréhensions, nos extrapolations. En somme, c'est notre capacité à saboter ce que nous voulons qui arrive. Par exemple, vous prêtez votre voiture à votre fils qui vient d'avoir son permis de conduire et, c'est plus fort que vous, vous l'imaginez avoir un accident. Ou encore, vous passez une entrevue importante et vous vous imaginez que la réponse sera négative. J'ai remarqué que plus nous vieillissons, plus nous avons tendance à nous inquiéter. C'est l'avantage de la jeunesse d'avoir une certaine naïveté. Ah! si on pouvait conserver cela à jamais! Nos doutes, nos peurs, etc., sont le fruit de notre mémoire personnelle tout comme nos difficultés et nos échecs et l'accumulation des informations négatives qui gravitent autour de nous. Si, par exemple, un bulletin de nouvelles parle d'une nouvelle grippe extrêmement contagieuse en Asie, et que la question du jour est : «Avez-vous peur de la grippe d'Asie?», 71 % des répondants vont répondre oui, sans se rendre compte qu'ils ne vivent absolument pas dans le contexte. Toutefois, juste le fait d'en entendre parler et d'avoir une faible estime de soi engendre la peur de l'attraper.

Lorsque vient le temps de se vendre ou de vendre sa salade, les doutes que vous pouvez entretenir dans votre conversation intérieure peuvent devenir un sérieux handicap. Par exemple, dans le domaine sportif, ce sont ces doutes qui font «choker*» certains athlètes. Leur esprit se met à inventer toutes sortes de scénarios catastrophiques. Ils se voient tomber et s'enfarger. Les doutes sont tellement forts que leurs muscles commencent à faiblir et, parfois même, ils deviennent étourdis et tombent par terre. La même chose arrive aux artistes avant d'entrer sur scène, les doutes (le trac) envahissent leur conversation intérieure. Ils anticipent le trou de mémoire, ils imaginent que le public va les huer. Dans certains cas, les doutes peuvent devenir tellement nuisibles que plusieurs préféreraient mourir avant que le rideau se lève. Yvon Deschamps a déjà confié en entrevue qu'à ses débuts, le soir des spectacles,

---

* Que l'on peut traduire par «flancher».

il avait tellement le trac qu'il souhaitait intérieurement faire une crise cardiaque. Si c'est votre cas, je vous suggère de lire *Exceller sous pression* de Saul Miller.

Il faut donc apprendre à maîtriser nos doutes avant d'aller nous vendre. Il n'y a pas de trucs miracles. C'est à force d'essayer des choses que l'on finit par trouver ce qui nous fait le plus de bien. Dans mon cas, j'ai appris à me détendre, à mieux respirer et je me répète mon slogan positif à plusieurs reprises. Quand je me rends à l'endroit convenu, en voiture, je mets le volume de la radio au maximum et je chante à tue-tête. J'occupe mon esprit ailleurs. Je fais de l'autosuggestion positive. Je m'imagine que les gens en face de moi vont apprécier mes propos. Vous voyez, rien de magique, mais, dans mon cas, ça fonctionne. Peu importe ce que vous ferez, vous devez absolument vaincre vos doutes pour arriver à mieux vous vendre.

Chapitre 15

Votre personnalité

J'ai déjà lu que : «Nous ne sommes pas responsables de la face que nous avons, mais nous sommes responsables de la face que nous faisons.»

Comme je l'ai mentionné précédemment, certains disent que l'image n'est pas importante, que c'est uniquement la personne et ses compétences qui comptent. Oui, mais lorsque vous entrez en contact avec un individu pour une première fois pour vendre votre salade, l'image est primordiale.

Attention, je ne parle pas d'image parfaite «complet-cravate» en toutes circonstances, je parle plutôt d'«image adaptée» au contexte dans lequel vous voulez vous vendre. Autrement dit, si vous voulez maximiser vos chances d'être choisi, ne vous habillez pas comme vous aimez l'être, mais comme il faut que vous le soyez pour avoir l'air crédible. Si vous vous présentez en complet lors d'une entrevue pour devenir vendeur de Harley-Davidson, vous ne serez peut-être pas crédible. À l'inverse, si vous postulez dans le domaine de l'assurance vie, je ne vous suggère pas d'arriver en t-shirt et en jeans.

Vous aurez beau le contester, il n'en reste pas moins que lorsqu'une personne nous voit pour une première fois, elle se fait tout de suite une opinion de nous. Celle-ci peut se modifier avec le temps, mais comme une entrevue pour vendre notre salade dure, en moyenne, de trente minutes à une heure, il ne faut pas gaspiller de temps pour expliquer pourquoi notre vraie personnalité n'est pas celle qui se dégage de nos vêtements.

Encore une fois, il existe plusieurs bons livres ou formations qui traitent de l'aspect verbal et non verbal de votre personnalité. Toutefois, voici quelques points à surveiller.

L'aspect non verbal

1. *Votre sourire.* Assurez-vous de sourire dans les premiers instants de la rencontre et tentez de le maintenir le plus souvent possible tout au long de l'entrevue.

2. *Votre habillement.* Portez des vêtements adaptés à la situation. Assurez-vous que vos vêtements sont propres et n'ont pas l'air trop usés. Portez une attention particulière à vos souliers. Les experts en entrevue estiment souvent que le style et la propreté des chaussures que porte le candidat démontrent sa vraie personnalité. Ils croient, avec raison, que les candidats font un effort pour ce qui est des vêtements qu'ils portent lors de l'entrevue (cela arrive même qu'ils en empruntent), mais qu'ils oublient souvent les chaussures. Déjouez-les, achetez-vous des souliers neufs.

3. *Votre propreté personnelle.* Assurez-vous que votre odeur, votre coiffure et vos mains sont sans reproche. Les hommes, surveillez votre rasage et les femmes, votre maquillage.

4. *Votre démarche et votre posture.* Marchez d'un pas assez rapide, tenez-vous le dos et les épaules droits et relevez le menton. Si vous devez vous asseoir, n'appuyez pas trop vos coudes sur la table et évitez de vous croiser les jambes afin de ne pas vous écraser sur la chaise.

5. *Votre regard.* Il faut évidemment regarder vos interlocuteurs dans les yeux lorsque vous échangez avec eux (que ce soit eux ou vous qui parliez). Un regard fuyant démontre un manque de confiance en vous, même si vous prétendez le contraire. Un regard vers le bas semble cacher quelque chose ; évitez cela. Si vous avez de la difficulté à soutenir le regard des gens, pratiquez-vous dans un miroir. Regardez-vous dans les yeux en parlant. Évitez de trop cligner des yeux. Avec le temps, cela deviendra naturel.

6. *Votre poignée de main.* Pour vous vendre, il est important de serrer la main des gens que vous voulez convaincre au début et à la fin de la rencontre. Pour les acheteurs, votre poignée de main veut dire beaucoup. Est-elle sincère ? Est-ce qu'elle cache quelque chose ? Est-elle hésitante, moite, trop forte, trop molle, inclinée, trop longue, trop courte ? Tout ça veut dire quelque chose. Une bonne poignée de main dure de deux à trois secondes. Vous devez secouer légèrement la main de l'autre et la serrer avec modération. La poignée de main est perpendiculaire par rapport au sol, est accompagnée d'un sourire, d'un hochement de tête et d'un «Bonjour ou enchanté M. ou Mme Untel». Si vous devez vous nommer, vous devriez le faire avant que votre interlocuteur le fasse.

7. *Votre professionnalisme.* Évidemment, il faut éviter de mâcher de la gomme et de fumer. Éteignez votre téléphone cellulaire et ne réagissez pas si vous recevez un courriel sur votre terminal de poche (BlackBerry) durant la conversation. Le mieux, c'est de l'éteindre. Ensuite, portez une attention particulière à vos outils de vente. Votre CV est-il

complet et préparé de manière professionnelle? Votre carte est-elle professionnelle? Les documents que vous remettez sont-ils propres, bien présentés et exempts de fautes d'orthographe? Si vous utilisez un porte-document, un crayon, un ordinateur portable, etc., sont-ils propres et reflètent-ils les valeurs que vous voulez faire ressortir?

L'aspect verbal

Bien sûr, la manière dont vous vous exprimez vient ajouter ou nuire à votre image non verbale. Sans travestir votre personnalité, faites un effort pour embellir votre langage.

1. *Attention à votre diction*. Choisissez des mots qui ont de la couleur. Par exemple, au lieu de dire «ouais, c'est correct, ça marche, OK», utilisez «tout à fait, certainement, bien sûr, j'en conviens, avec plaisir». Trouvez des synonymes adéquats aux termes que vous employez de façon usuelle.

2. *Évidemment, évitez le «joual»*.

3. *Évitez les jurons*. Ce n'est ni l'endroit ni le moment.

4. *Exprimez-vous avec clarté*. Êtes-vous en mesure de présenter des exemples concrets qui peuvent être compris par les acheteurs et qui se rapprochent de leurs préoccupations quotidiennes? Développez l'esprit de synthèse et efforcez-vous de transmettre vos idées de façon claire et succincte. Faites des comparaisons. Démontrez ce que vous voulez dire. N'oubliez jamais que le succès de votre vente réside beaucoup plus dans ce que l'autre perçoit que dans ce que vous avez dit. Pour développer l'esprit de synthèse, faites cet exercice avec vos amis: résumez-leur un film que vous venez de voir, en moins de trente secondes. S'ils ont saisi l'histoire générale du film, c'est bon signe.

5. *Parlez suffisamment fort mais pas trop.* Vous devriez parler suffisamment fort pour qu'une personne assise à 3 mètres de vous puisse vous entendre aisément. Si les gens doivent se rapprocher de vous et tendre l'oreille, c'est que vous ne parlez pas assez fort. Relevez le volume, s'il vous plaît.

6. *Faites sourire.* Je ne parle pas de raconter des blagues, mais si vous pouvez extirper un sourire de vos interlocuteurs dans les premiers instants, soit par un jeu de mots ou un lien à la situation du moment, c'est un plus pour vous. Si, lors de votre présentation, l'acheteur potentiel arbore un léger sourire sans que vous ayez dit quelque chose de drôle ou que la situation le suggère, c'est que vous l'avez touché émotionnellement par vos propos et que la confiance s'installe lentement entre lui et vous. Poursuivez avec ferveur. Soyez convaincu et convaincant, car vous êtes en train de réussir à vendre votre salade.

Soupçon de VIE-naigrette

Ma conjointe et moi regardions un mobilier de salle à dîner dans un grand magasin de meubles. Nous avons mentionné au vendeur que notre besoin n'était pas immédiat, mais peut-être pour l'an prochain. Il a présenté brièvement quelques modèles qu'il avait en démonstration et a répondu à nos questions. Lorsque nous avons voulu prendre congé, il nous a remis poliment sa carte. J'ai pris la carte et je me suis rendu compte qu'il y en avait deux. Je lui ai dit: «Vous m'en avez donné deux, Monsieur!» Il m'a répondu avec le sourire: «Oui, oui, je le sais. Il y en a une pour jeter et l'autre pour conserver!» Évidemment, cela nous a fait sourire et, grâce à sa répartie, le vendeur nous a paru plus sympathique. Dix mois plus tard, nous avons acheté un mobilier de salle à dîner de lui.

Bref, lorsque vient le temps de vendre notre salade, le moindre petit détail compte.

Chapitre 16

Quelques idées pour relever le goût de votre salade

Votre personnalité, ce n'est pas que vos gestes, votre apparence ou les mots que vous utilisez, c'est aussi votre attitude générale. Les acheteurs sérieux savent qu'il est plus facile de faire acquérir de nouvelles compétences à un individu que de lui faire changer ses attitudes. Voilà pourquoi ils misent d'abord sur ce que vous dégagez sur le plan de l'attitude.

1. *Soyez toujours sympathique, positif et drôle.* La gentillesse et la joie de vivre sont de rigueur. Le fait de raconter vos problèmes, de critiquer les autres ou les circonstances, de trouver des excuses pour expliquer la situation dans laquelle vous vous trouvez ne donne pas le goût de s'associer avec vous. Les gens veulent avoir du plaisir au travail et dans la vie et ils veulent travailler avec des personnes gentilles, positives, polies et courtoises. Souriez et soyez de bonne humeur. C'est vendeur.

2. *Soyez original et surprenez.* Pour réussir, il faut se démarquer des autres, alors surprenez par vos idées, par vos offres.

Faites-en plus que les autres. Soyez créatif et de bon goût, mais démarquez-vous.

Soupçon de VIE-naigrette

Il y a quelques mois, à TVA, l'explorateur urbain, Dominic Arpin, présentait un reportage sur deux jeunes entrepreneurs qui offrent aux entreprises des services-conseils en image de l'entreprise de façon très originale. Pour ce faire, ils (un jeune homme et une jeune femme) se présentent au bureau du client potentiel affublés d'un énorme postiche en forme de cerveau humain. Vous auriez dû voir les têtes ébahies des réceptionnistes en voyant ces deux énergumènes demander à parler au directeur de la compagnie (il faut dire que la caméra qui les suivait devait aider un peu...). Selon eux, ils obtiennent beaucoup de succès en agissant ainsi. Ils réussissent à se vendre ou, à tout le moins, à obtenir une écoute attentive de quelques minutes, grâce à l'effet de surprise causé par leur accoutrement inusité. Ils surprennent l'acheteur.

3. *Exprimez-vous avec conviction.* Êtes-vous convaincu de ce que vous avancez? Croyez-vous en votre produit à 100 %? Attention aux termes que vous utilisez, car il est facile de trahir le véritablement fond de votre pensée. Évitez les «Je pense que...», «J'espère que...», «Je ne suis pas certain, mais...», «Il me semble...», «Peut-être...». Remplacez-les par «Je crois que...», «Je suis persuadé que...», «J'en suis convaincu», «Mon expérience personnelle me dit que...»

4. *Impliquez-vous*. Si vous croyez vraiment à votre salade, démontrez-le en vous impliquant personnellement. Si vous demandez de l'argent à un banquier, il voudra que vous en mettiez vous aussi. Pourquoi investirait-il de l'argent dans un projet dans lequel vous ne voulez pas investir? Si vous convoitez un emploi et que l'employeur semble hésitant, offrez-lui de vous prendre à l'essai une semaine et qu'il vous paie uniquement si vous faites l'affaire. Garantissez sa satisfaction. Garantissez votre service. Promettez des résultats. Vous avez peur de le faire? Eh bien, lui aussi peut avoir peur dans ce cas-là.

Soupçon de VIE-naigrette

À mes débuts comme conférencier, lorsque j'étais moins connu et que l'éventuel acheteur se montrait réticent à m'engager (c'était toujours le cas d'entreprises qui, par le passé, avaient obtenu des résultats désastreux en embauchant un conférencier. Ils ne veulent pas se tromper à nouveau et je comprends ça), j'ai souvent conclu mes ventes en leur disant: «Regardez, je sais que vous ne me connaissez pas et que vous avez peur de vous tromper. Je comprends ça. Cependant, je suis tellement convaincu de mes capacités que si jamais vous n'étiez pas satisfait de ma conférence, vous n'aurez pas à me payer. Ce sera gratuit. Sommes-nous d'accord?» Toutes les fois que j'ai proposé cet arrangement, j'ai toujours conclu ma vente et je n'ai jamais eu à rembourser qui que ce soit. C'est ça, de l'implication!

5. *Soyez empathique.* Ne faites pas de nombrilisme. Se vendre, c'est aussi proposer un partenariat. Alors, ne parlez pas que de vous et intéressez-vous à eux. Êtes-vous capable d'écouter, de découvrir leur centre d'intérêt et de vous mettre à leur place? Qui sont-ils? Que recherchent-ils? Qu'est-ce qui est le plus important pour eux? Demandez-leur de quelle façon vous pouvez les aider à obtenir ce qu'ils veulent et présentez-leur des solutions qui sont intéressantes pour eux, pas seulement pour vous.

6. *Démontrez vos compétences.* Comme je l'ai mentionné au début du livre, ce que tout acheteur veut absolument éviter, c'est de se tromper. Ne pas avoir fait le bon choix et regretter de vous avoir choisi ou d'avoir utilisé vos produits et services est, pour lui, une perte de temps et d'argent. Donc, pour ne pas lui donner l'impression qu'il pourrait se tromper en retenant vos services, soyez clair quant à vos capacités. Quelles sont vos compétences? Mentionnez-les sans gêne. Que savez-vous faire? Dites-lui. Qu'avez-vous fait jusqu'à maintenant et depuis quand le faites-vous? Quels sont les succès que vous avez eus et les défis que vous avez relevés? Soyez concret, donnez des exemples. Même si vous débutez dans le domaine où vous convoitez un poste, vos succès antérieurs sont aussi valables et doivent être mentionnés. Votre acheteur veut faire des affaires avec un gagnant, et une personne qui a eu du succès dans un domaine par le passé possède habituellement ce qu'il faut pour en avoir encore. De plus, en vous basant sur vos expériences passées, êtes-vous capable de donner votre opinion, de suggérer des pistes de solutions et de conseiller votre éventuel acheteur?

7. *Démontrez votre intégrité et votre détermination.* Votre intégrité et votre honnêteté doivent transcender votre discours. Lorsqu'ils vous écoutent, les acheteurs potentiels se demandent toujours, à un moment ou à un autre: «Est-ce

qu'il va vraiment faire ce qu'il dit qu'il va faire?» Alors, engagez-vous. Établissez une date butoir. Présentez un plan d'action. Ne soyez pas vague. Faites ce que vous dites que vous allez faire.

8. *Questionnez à votre tour.* Comme une vente est un partenariat où les deux parties doivent être satisfaites, une entrevue, quelle qu'elle soit, ne peut être limitée à ce que le vendeur met sur la table pendant que l'acheteur (le décideur, l'employeur, etc.) écoute en donnant l'impression que c'est uniquement vous qui avez le fardeau de la preuve. Même si je suis conscient que c'est l'acheteur qui a le gros bout du bâton, il n'en demeure pas moins que le vendeur a le droit d'avoir certaines exigences et, pour cela, il doit les faire valoir en posant différentes questions vers la fin de l'entrevue. Par exemple, si c'est pour un emploi, demandez au futur employeur ce qu'il a à vous offrir comme rémunération et autres avantages (l'environnement de travail et les possibilités d'avancement). Quelles sont les perspectives d'avenir? Comment l'entreprise traite-t-elle ses employés? Etc. Si vous devez vendre votre projet d'affaires à un banquier, n'oubliez pas de lui demander quelles sont les expertises de la banque dans votre domaine d'activité. Quel service à la clientèle est-elle en mesure de vous offrir? Il ne s'agit pas d'être hautain ou désagréable, mais, en général, vos interlocuteurs percevront, grâce à ces questions, votre sérieux et votre désir d'implanter une relation durable avec eux. Tous les décideurs, quels qu'ils soient, sont sensibles à ce genre d'arguments.

Tout est une question d'attitude, et l'attitude est tout. Faites que votre attitude se manifeste dans votre verbal et votre non-verbal.

Chapitre 17

Gagner la confiance des gens

Depuis le début du livre, je me suis principalement concentré sur ce qui est important de faire lors de la rencontre initiale, c'est-à-dire la première fois que l'on rencontre un acheteur ou un décideur potentiel. C'est évidemment un moment important, mais les contacts précédents (téléphone, envoi de documentation, échange de courriels) et les rencontres subséquentes le sont tout autant. C'est pourquoi votre capacité à gagner la confiance des autres doit être palpable tout au long du processus de vente et faire partie intégrale de votre personnalité.

Que vous ayez réussi à vendre votre salade ou non, vous avez avantage à conserver un contact positif avec tous ceux que vous côtoyez. Vous devez maximiser votre réseau de contacts maintenant et dans le futur. Une réponse négative aujourd'hui est souvent un tremplin pour une occasion future. Il faut donc tisser des liens et les entretenir à long terme si vous voulez vous vendre. Voici quelques idées pour vous aider à le faire.

1. *Voyez du monde.* Si vous vivez dans un vase clos, il vous sera difficile de vous faire connaître. Arrangez-vous pour côtoyer des gens qui se trouvent dans des domaines qui vous intéressent. Présentez-vous. Serrez des mains. Impliquez-vous.

2. *Gardez le contact.* Assurez-vous de garder un contact régulier avec vos acheteurs potentiels. Soulignez leur anniversaire ou les événements importants de leur vie. Félicitez-les pour leurs accomplissements aussi souvent que vous le pouvez. Par exemple, vous voyez dans le journal qu'une de vos connaissances (je parle vraiment ici d'une connaissance, pas seulement d'un ami intime, quelqu'un que vous connaissez et qui vous connaît, même si vous ne le côtoyez pas régulièrement) vient de mériter un prix quelconque ou a obtenu une promotion. Passez par-dessus votre gêne, prenez le téléphone et offrez-lui vos sincères félicitations. Je sais, ce serait peut-être plus facile par courriel, mais cela n'a pas le même impact. Je vous garantis que cela fera plaisir à cette personne et qu'elle va se rappeler de vous.

Soupçon de VIE-naigrette

L'an passé, à l'aéroport, en attente de mon vol, j'ai acheté le livre d'Alain Samson, *La simplicité involontaire* (que je vous conseille d'ailleurs), que j'ai lu au complet lors du vol aller-retour. J'ai tellement aimé le livre que, dès le lendemain, j'ai appelé M. Samson (on ne se connaissait à peu près pas à l'époque) afin de le féliciter. Il avait l'air content. Je peux vous assurer que cet appel a permis de nouer une belle relation entre lui et moi et, pour cette raison, il m'a fait l'honneur de rédiger la préface de ce livre.

3. *Aidez, encouragez et donnez les noms des gens qui font partie de votre réseau de contacts.* En discutant, vous apprendrez qu'une connaissance se cherche un immeuble et, justement, vous connaissez une autre personne qui en a un à vendre. Mettez ces gens-là en contact. Une autre de vos connaissances est en affaires? Alors, faites des affaires avec lui et donnez son nom à vos amis. Les gens sont toujours reconnaissants de ce genre de coup de main.

Chez la plupart des gens qui réussissent leur carrière, leur réseau de contacts demeure un élément clé de leur succès. C'est pour cela que cela vaut vraiment la peine de gagner leur confiance.

Chapitre 18

Se bâtir
une réputation enviable

Il y a une grande différence entre «être connu» par beaucoup de gens et «être apprécié» par beaucoup de gens. Vous pourriez faire la première page du journal de demain à cause d'un événement négatif et vous deviendriez connu du jour au lendemain. Toutefois, il est fort probable que vous auriez de la difficulté à vous vendre par la suite. Cependant, si vous faites la première page du journal pour un événement positif, c'est différent.

Les contacts de qualité se multiplient aisément si vous êtes une personne de confiance et avez une bonne réputation. À l'inverse, ils s'évanouissent rapidement si vous êtes plus ou moins digne de confiance. Pour réussir à vous vendre, il faut toujours travailler à vous bâtir une réputation de qualité, jour et nuit. Vous n'êtes pas «vous» seulement pendant les heures de travail, mais partout et en tout temps. Portez donc une attention particulière à votre vie mondaine et à vos relations hors travail.

Vos comportements, votre politesse et votre courtoisie sont primordiaux partout où il y a du monde. Que vous soyez dans votre voiture, au restaurant, à un spectacle, dans un ascenseur, dans une salle d'attente ou ailleurs, il y a toujours quelqu'un qui risque d'être témoin d'une de vos frasques et qui connaît quelqu'un qui vous connaît. Vous ne savez jamais qui vous pouvez rencontrer. Vous vous rappelez la brosse que vous avez prise il y a deux ans, mais oui, la fois où vous êtes allé uriner dans le stationnement de l'hôtel devant des badauds ahuris. Eh bien, l'un de ces badauds est maintenant en face de vous et vous écoute vendre votre salade, et il vient de vous reconnaître! Bonne chance!

Chapitre 19

Maximisez
vos relations humaines

Toujours en ayant comme objectif de gagner la confiance des gens, vous auriez grandement avantage à connaître et, surtout, à appliquer quelques règles de relations humaines avec tous ceux que vous rencontrez et, spécialement, auprès de ceux à qui vous voulez vendre votre salade. Ces règles ne sont malheureusement pas enseignées dans les écoles. Pourtant, si elles l'étaient, elles éviteraient plusieurs peines et frustrations reliées aux mésententes avec nos proches. Ces règles sont toutes simples et fonctionnent avec tout le monde. J'ai bien écrit «tout le monde», nonobstant la race, la langue, la culture, le lieu de naissance, le signe astrologique, le sexe, l'instruction, le salaire, les auditifs, les visuels, les kinesthésiques ou quoi que ce soit d'autre qui distingue les êtres humains. Comme on parle de «relations humaines», cela touche tous les êtres humains.

Ici, je m'en tiendrai aux quatre principales règles. Toutefois, je vous invite à consulter le livre *Performance maximum*, de Zig Ziglar, pour de plus amples renseignements.

Première règle : l'écoute

On pourrait ainsi définir l'écoute : tout le monde aime parler de soi, ou encore tout le monde préfère parler de lui et qu'on l'écoute, plutôt que le contraire.

Comme je l'ai déjà mentionné, les gens manquent d'écoute, et si vous développez la qualité et même l'instinct de vous intéresser davantage aux autres qu'à vous, vous multiplierez votre cercle d'amis et vos revenus.

Concrètement, cela veut dire d'aborder les gens avec ce qui les intéresse plutôt que de leur parler des prouesses de votre petit dernier.

Cela veut aussi dire d'écouter leurs problèmes plutôt que de raconter les vôtres. D'ailleurs, je ne sais pas si c'est vrai, mais on m'a déjà dit que lorsque nous racontons nos problèmes aux gens, 80 % d'entre eux s'en fichent complètement et 20 % sont contents qu'on en ait. Il me semble que ça ne doit pas trop être loin de la vérité. Je peux comprendre que vous ayez envie, vous aussi, de partager vos ennuis et vos bons coups, mais je vous suggère tout simplement de réserver cela à vos proches.

Cela implique aussi de prendre l'habitude d'écouter les autres avec intérêt. Cela s'appelle manifester de l'écoute active. Voici quelques idées :

1. *Regardez votre interlocuteur lorsqu'il vous parle.* Il n'y a rien de pire pour quelqu'un que de se sentir ignoré quand il raconte quelque chose qui a de l'importance pour lui (et cela en a tout le temps). Je parie qu'il vous est déjà arrivé, lorsque votre enfant vous racontait un truc qu'il avait vécu à l'école, de continuer à lire votre journal. Il vous a alors dit : « Papa, m'écoutes-tu ? » Même en bas âge, les enfants savent que si vous ne regardez pas, vous n'écoutez pas.

2. *Manifestez des signes d'intérêt.* Servez-vous d'onomato-pées (ha ha, hum hum, oui oui, etc.), mais il est impératif que vous «viviez» la conversation de votre interlocuteur, en lui exprimant des émotions en retour. S'il vous dit quelque chose de dégueulasse, faites la grimace; quelque chose de drôle, riez; quelque chose de surprenant, écarquillez les yeux; quelque chose avec laquelle vous êtes d'accord, ac-quiescez. Autrement dit, donnez-lui du *feed-back*.

3. *Posez-lui des sous-questions afin de lui prouver que vous vous intéressez grandement à ce qu'il vient de vous dire.* Comme je l'ai déjà mentionné, les gens ont soif de cet intérêt. Si quelqu'un vous dit qu'il ne peut vous rencontrer avant dix jours parce qu'il prend quelques jours de golf bien mérités, posez-vous la question : pourquoi vous dit-il cette informa-tion personnelle? Il n'avait qu'à vous dire qu'il serait absent pour quelques jours. Alors, pourquoi a-t-il ajouté «quelques jours de golf bien mérités», si ce n'est pas pour que vous lui demandiez où il va? Les gens parlent rarement pour ne rien dire. Si vous les écoutez bien, tous leurs commentaires ont un ou plusieurs objectifs (n'oubliez pas, tout est de la vente) : faire valoir un point de vue ou lui permettre de se valoriser par quelque chose. Revenons au golf. Si vous pour-suivez son commentaire en lui disant : «Ah oui, quelques jours de golf! Serait-ce indiscret de vous demander à quel endroit vous allez jouer?» Il se fera un plaisir de vous ré-pondre : «Je m'en vais jouer en Virginie. Chaque année, je vais...» Concluez avec : «En tout cas, je vous souhaite du beau temps et, surtout, du bon golf. On se revoit à votre retour!» Je parie qu'il va avoir hâte de vous en reparler à son retour. N'oubliez surtout pas d'aborder le sujet. Posez-lui des sous-questions.

4. *Ne coupez jamais la parole à qui que ce soit.* Si vous voulez gagner la confiance d'un tiers, laissez-lui au moins finir sa phrase avant de commencer la vôtre. Se faire interrompre,

c'est insultant, et si ça se reproduit trop souvent avec la même personne, on a tendance à carrément l'haïr. Je vous suggère d'éviter cela.

5. *Ne changez pas de sujet immédiatement après que votre interlocuteur a conclu son histoire.* Revenons à notre histoire de golf. À son retour de voyage, vous rencontrez enfin la personne. Évidemment, vous allez lui demander s'il a fait un beau voyage et s'il a pu jouer au golf à son goût. Il va probablement vous répondre avec beaucoup de plaisir. Lorsqu'il aura fini de parler de son voyage, ne changez pas de sujet immédiatement, cela aurait pour effet de lui démontrer que, dans le fond, vous n'êtes absolument pas intéressé par son voyage et que ce soi-disant intérêt n'est que pure stratégie pour le mettre de votre bord.

6. *Concluez vous-même son sujet.* Avant d'en arriver au sujet de votre rencontre, prenez le temps de conclure poliment le sujet que votre interlocuteur vient de terminer. Par exemple, toujours dans le cas de notre golfeur, lorsqu'il finira de raconter son voyage de golf (cela peut prendre une minute comme trente, adaptez-vous), concluez avec : «Eh bien, je suis content que vous ayez eu du beau temps. Ça fait toujours du bien de profiter de quelques jours bien mérités pour s'amuser. Maintenant, concernant le but de ma visite, je voulais...»

Soupçon de VIE-naigrette

Lorsque je reviens d'une conférence, je demande toujours à ma conjointe de me raconter sa journée. Ce qu'elle fait habituellement, avec plaisir. J'avoue qu'il m'est déjà arrivé, mais pas souvent (hum, hum), de regarder le bulletin de nouvelles à la télé en même temps. Ce n'est pas long qu'elle me dit: «Cou'donc, m'écoutes-tu?» «Oui, oui, chérie, je t'écoute!» «Bien, regarde-moi si tu m'écoutes!» Je sais qu'une chose semblable ne vous est jamais arrivée, n'est-ce pas?

J'insiste ici sur le fait que tout cela doit se faire avec sincérité. Il faut vraiment écouter les gens et non pas faire semblant de les écouter. Si vous ne les écoutez pas avec sincérité, ils vont s'en apercevoir et vos efforts seront vains.

Deuxième règle: le nom

On pourrait ainsi définir le nom: tout le monde aime entendre son nom ou son prénom prononcé par une autre personne.

Des recherches ont prouvé que le fait d'entendre prononcer notre nom ou notre prénom par une autre personne stimule notre ego. Avouez que, lorsque, dans une réunion, vous levez la main et que l'animateur vous dit: «Vous avez une question, Jean-Pierre?», vous éprouvez un petit frisson. Vous vous dites intérieurement: «Il s'est rappelé de moi! Ça doit être parce que je suis intéressant.»

Soupçon de VIE-naigrette

Il y a quelques années, j'ai regardé un reportage au Canal D qui portait sur l'importance de retenir le nom ou le prénom des gens. Voici, en gros, ce que démontrait le reportage.

En Angleterre, on a demandé à des voyageurs qui sortaient de l'aéroport d'Heathrow, à Londres, s'ils avaient entendu ce qui se disait aux haut-parleurs pendant qu'ils se trouvaient dans l'aérogare. La majorité disaient avoir « entendu » la voix, mais avouaient ne pas avoir vraiment porté attention (compris) à ce qui se disait, sauf ceux dont le nom ressemblait à ceux mentionnés dans les haut-parleurs. Par exemple, si le haut-parleur criait que Mr Cumberland était demandé au comptoir de British Airways, eh bien, tous les Mr Timberland avaient pensé quelques instants que c'était eux qu'on demandait. Ils ont donc porté attention à ce qui se disait aux haut-parleurs parce que le nom ressemblait étrangement au leur.

Cela vaut vraiment la peine de s'intéresser aux noms des gens de ceux avec qui on parle. Voici quelques idées :

1. *Présentez-vous toujours (avec enthousiasme) au début de chaque rencontre auprès des personnes que vous ne connaissez pas.*

2. *Obtenez leur nom par le fait même.* S'il le faut, répétez-les mentalement et écrivez-les afin de vous aider à les retenir.

3. *Utilisez-les dans la conversation.* Il ne faut pas exagérer, mais si c'est fait de manière occasionnelle (une ou deux fois dans une conversation de cinq minutes), ce sera apprécié par votre interlocuteur.

4. *Servez-vous-en pour attirer leur attention.* Vous obtiendrez plus de succès à dire : « Eh, Jean-Pierre, je voulais justement te demander… » plutôt que de dire : « Eh, justement, je voulais te demander… » Il en va de même quand vient le temps

de terminer une rencontre. Utilisez le nom ou le prénom de la personne, vous la flatterez : «Je vous souhaite une excellente fin de journée, M. Tremblay !»

5. *Rappelez-vous-en lors de vos rencontres ultérieures.* Je sais, je sais, ce n'est pas évident, mais faites au moins l'effort. Si vous notez leurs noms et prénoms et que vous les ajoutez dans votre carnet d'adresses, vous serez à même de les mémoriser ou de retourner voir leur nom avant une prochaine rencontre.

Soupçon de VIE-naigrette

Dans mes formations, on me demande souvent ce qu'il faut faire lorsque le nom de l'interlocuteur est difficile à prononcer. C'est vrai que, de nos jours, surtout dans les grandes agglomérations urbaines, il nous arrive de plus en plus de transiger avec des immigrants. «Qu'est-ce que je fais, Guy, si j'ai mal entendu son nom ou que j'ai de la difficulté à le prononcer?» Ma réponse est toujours la même, demandez-lui gentiment : «Pourriez-vous me l'épeler, s'il vous plaît ? Je veux être certain de bien le prononcer.» J'ai demandé à plusieurs reprises à des gens concernés par la situation (qui ont des noms difficiles à prononcer) et ils m'ont tous dit, sans hésitation, qu'ils préféraient, et de loin, avoir à épeler leur nom et que leur interlocuteur fasse l'effort de bien le prononcer par la suite, plutôt que d'entendre leur nom se faire massacrer à répétition.

Troisième règle : la valorisation

On pourrait ainsi définir la valorisation : tout le monde désire se sentir important à ses yeux et aux yeux des autres.

Il ne fait nul doute que chaque être humain a un besoin insatiable (qui n'est jamais comblé d'ailleurs) d'aimer et, surtout, de se sentir aimé. On dirait que chacun d'entre nous a, parmi ses priorités de vie, l'énorme désir de démontrer son importance aux autres.

Chacun de nous le fait à sa façon. Pour certains, cela peut être en faisant du bénévolat ; pour d'autres, en monopolisant la conversation lorsqu'ils sont en groupe ; pour d'autres encore, en aménageant une terrasse de plusieurs milliers de dollars ou, comme moi, en écrivant des livres et en prononçant des conférences. Quoi qu'il en soit, ce n'est pas la façon que nous utilisons pour démontrer notre importance qui importe, mais le fait que nous ayons tous ce besoin légitime.

Si nous ajoutons à cela que nous avons tous tendance à avoir confiance et à respecter ceux et celles qui nous aiment et qui nous rendent importants, il est très facile de conclure que si nous voulons gagner la confiance et le respect de quelqu'un, il suffit de le rendre important. Cela devient alors un jeu d'enfant. Voici quelques idées :

1. *Complimentez et valorisez sincèrement tous les gens que vous rencontrez.* Un compliment par rencontre serait l'idéal.

2. *Évitez le manque de respect.* La langue française a cette particularité que l'anglais n'a pas et dont il faut tenir compte dans nos relations avec les autres. C'est l'utilisation du «tu» et du «vous». Je vous suggère de vouvoyer les gens que vous rencontrez pour une première fois (en tout cas, quand c'est pour vendre votre salade) et, par la suite, de vous adapter à la situation. Par exemple : Est-ce que la personne est plus âgée que vous ou plus jeune ? Est-ce que la ren-

contre se fait dans un contexte professionnel ou de loisir? Une chose est certaine, si vous tutoyez une personne qui, dans le fond, préférerait être vouvoyée, il se peut que ce léger détail puisse bloquer votre relation future. Cela vaut donc la peine de vous en préoccuper.

3. *Respectez les «opinions profondes» des gens.* Chacun de nous a ses opinions sur différents sujets tels que la politique, le sport, le mariage entre personnes de même sexe, la religion, l'immigration, etc. Lorsque nous tentons de vendre notre salade à une personne, il faut éviter d'aborder l'un de ces sujets, car cela peut être un terrain glissant. Si cela se présente, changez de sujet ou prétendez que vous ne connaissez pas vraiment le dossier et que c'est difficile pour vous d'avoir une opinion claire. Par contre, avec vos parents et amis, il peut être agréable d'échanger sur ces sujets controversés et, même, d'être en désaccord avec eux. Mes amis vous diront que je ne me prive pas de les contredire lorsque nous ne sommes pas du même avis, mais ce sont mes amis. Je ne ferais pas cela avec un client. De toute manière, personne ne détient la *vraie* vérité; tout est question d'opinion. Ainsi, ma vérité peut être une fausseté pour un autre.

4. *Évitez la condescendance.* Ne vous montrez jamais plus fin que les gens que vous rencontrez ni au-dessus d'eux, en faisant étalage de vos connaissances, de votre aisance financière, de votre âge. M. Émile Froment disait: «Nous sommes tous des ignorants, mais nous n'ignorons pas tous les mêmes choses!» Si vous êtes arrogant et condescendant, on vous abandonnera à votre triste sort.

Soupçon de VIE-naigrette

Je ne sais pas si c'est pareil pour vous, mais lorsqu'un vendeur m'accueille en me disant: «Bonjour, capitaine (ou patron, boss, mon ti-monsieur, champion, etc.), qu'est-ce que je peux faire pour toi?» je me sens toujours dévalorisé et traité comme un moins que rien et j'ai tendance à ne plus retourner à cet endroit.

Quatrième règle: l'ego

On pourrait ainsi définir l'ego: tout le monde aime avoir raison, ou encore tout le monde a horreur d'avoir tort.

C'est de cette règle-là que provient: «Le client a toujours raison!» Évidemment, il est impossible que quelqu'un ait toujours raison, mais cette règle nous suggère d'éviter la controverse et les contradictions auprès de ceux à qui on veut vendre notre salade. Voici quelques idées:

1. *Évitez de parler au client de manière directive parce qu'il aura l'impression que vous lui donnez des ordres, et personne n'aime recevoir des ordres.* La forme impérative est plus acceptable dans le langage écrit, mais elle est à éviter dans le langage parlé. D'ailleurs, si vous lisez le premier mot de ce paragraphe, vous remarquerez que j'utilise le mot «évitez» qui, en fait, est un ordre. J'ai aussi employé la même forme impérative dans plusieurs autres points précédemment et c'est correct. Cela incite à l'action. La même forme est abondamment utilisée en publicité. «Abonnez-vous…», «Appelez au…», «Composez le…», «Procurez-vous le…», etc.

Cependant, il devient plus difficile de dire à votre patron ou à votre client: «Appelez-moi demain ou lisez attentivement votre contrat!» C'est trop directif.

2. *Usez de courtoisie.* Vous obtiendrez beaucoup plus de succès en utilisant: «Est-ce possible de me rappeler demain, s.v.p.?» ou «Je vous suggère de lire le contrat, Monsieur Tremblay!» Ceux à qui nous voulons vendre notre salade ne sont pas nos «fidèles sujets» qui doivent obéir au doigt et à l'œil. Ils veulent être traités avec égard. Alors, je vous suggère d'éviter les: «Faites ceci ou cela...», «Essayez ça...», «Prenez-le...», «Rappelez-moi...», «Vérifiez ça...», «Regardez ça...», «Envoie-moi ça...», «À votre place, moi...», etc., et de les remplacer par: «Je vous suggère de...», «Je vous propose de...», «Puis-je vous demander de...», «Me permettez-vous de...», «Est-ce possible de...», «Vous seriez avantagé en...», etc.

3. *Évitez d'entrer inutilement en confrontation avec les gens.* Je suis toujours surpris lorsque je vois une personne s'obstiner avec quelqu'un d'autre pour, la plupart du temps, des bagatelles. Bon, si c'est à l'intérieur de votre cercle d'amis et que vous considérez avoir raison, allez-y. Toutefois, s'il s'agit d'un acheteur, abstenez-vous. Ce n'est pas tellement grave qu'il prétende vous avoir déjà mentionné l'adresse du rendez-vous. Même si vous lui dites que non, il ne vous l'a pas donnée. Il va rétorquer: «Oui, je vous l'ai donnée!» «Non, vous ne me l'avez pas donnée!» «Oui, je vous l'ai donnée...» Cessez ce manège inutile et dites: «Je l'ai mal notée, pourriez-vous me la donner à nouveau, s.v.p.?» C'est ce que je veux dire par éviter d'entrer inutilement en confrontation avec les gens.

4. *Utilisez des coussins psychologiques pour contourner les réticences.* Quel drôle de terme, n'est-ce pas? Qu'est-ce qu'un «coussin psychologique»? C'est un ensemble de mots qui absorbent (de là vient le mot «coussin») les contradictions.

Ce qu'il faut comprendre, c'est que lorsque vous contredisez un acheteur potentiel au sujet de votre salade, il va automatiquement fermer son esprit par rapport à vous, même si vous avez raison. Autrement dit, lorsqu'il y a contradiction, le vendeur est toujours perdant. Soit vous vous obstinez et le client vous prouve que vous avez tort ; vous êtes alors perdant. Soit vous l'obstinez et vous lui prouvez que vous avez raison, mais là, il est frustré du fait que vous ayez eu raison et, lui, tort. Résultat : il n'achète pas votre salade et vous êtes encore perdant. La seule façon d'être gagnant, c'est de ne pas le contredire. Vous allez peut-être vous dire : «Oui, mais Guy, si le client a vraiment tort, je ne peux pas lui dire qu'il a raison !» Évidemment. C'est justement là où les coussins psychologiques peuvent vous être très utiles. Précédez votre argumentation d'un coussin psychologique et, vous verrez, votre message va passer sans écorcher le sien. Les principaux coussins sont : «Je vous comprends», «Vous avez raison», «C'est possible», «Je comprends votre point de vue», «Certainement, pas de problème», «C'est vrai, avec plaisir». Je vous suggère aussi d'éviter les «Oui, mais», comme «Oui, mais c'est ça que je vous ai dit tantôt...» et de les remplacer par : cependant, par contre, aussi, à l'inverse, pourtant, etc. Par exemple : «Je comprends votre point de vue, Monsieur, cependant, comme je l'ai mentionné tantôt... (poursuivez votre argumentation)»

Si vous appliquez ces quatre règles de relations humaines au quotidien, avec tous ceux que vous côtoyez, et que vous en faites une «seconde nature», vos relations avec les autres se métamorphoseront pour le mieux, je vous le garantis.

Chapitre 20

Faites valoir votre point de vue

Avec la multitude de contacts que vous ferez pour vendre votre salade, il se peut que, dans certains cas, la controverse soit inévitable. Si cela vous arrive, je vous suggère d'utiliser les sept étapes qui suivent, en ayant toujours à l'esprit que vous réussirez à gagner votre cause dans la mesure où vous réussirez à glisser vos opinions au-delà de l'ego de votre vis-à-vis.

Soupçon de VIE-naigrette

J'ai déjà lu quelque part (désolé, je ne me rappelle plus où) qu'on pouvait comparer l'ego à un «chevalier en armure» qui se tient devant notre cerveau, là où se cache notre amour-propre, car il en est le gardien. La plupart du temps, le chevalier en armure (l'ego) dort d'un sommeil profond, mais lorsqu'un autre individu essaie de blesser l'amour-propre de la personne concernée, soit en la blâmant, en la contredisant ou en la faisant passer pour une ignorante, cela réveille le chevalier en armure qui se lève instantanément et se braque sur ses positions, empêchant ainsi toutes nouvelles idées d'entrer à l'intérieur du cerveau.

Vous comprendrez qu'une personne blessée dans son amour-propre perd tout raisonnement logique par rapport à celle qui l'a blessée. Cela devient alors «une affaire personnelle» parce que vous avez développé, chez votre acheteur, une émotion négative. Pour qu'il achète, cela prend des émotions positives. Lorsqu'on a une salade à vendre, il faut éviter cela à tout prix. C'est pourquoi je vous suggère de ne jamais faire preuve d'arrogance, d'impatience ni de faire du cabotinage avec un acheteur potentiel. Voici les sept étapes :

1. *Permettez à l'autre d'exprimer son point de vue.* Ne l'interrompez pas, laissez-le s'expliquer calmement. S'il y a lieu, notez ses commentaires. Cela démontre que vous prenez son argumentation au sérieux.

2. *Faites une légère pause avant de reprendre votre argumentation.* Réfléchissez et prenez en considération l'opinion de votre interlocuteur. Si vous lui répondez avec une réponse toute préparée d'avance aussitôt qu'il ferme la bouche, et même un peu avant, il sentira que vous ne l'écoutez absolument pas et vous risquez de réveiller son chevalier en armure.

3. *Ne détruisez jamais son point de vue.* Ne dites jamais que cela n'a pas de bon sens, que c'est idiot, que ça ne fonctionnera pas, etc. Servez-vous plutôt d'un coussin psychologique pour exprimer que son opinion est très valable et

pertinente. «C'est intéressant ce que vous dites là, cependant... (votre argumentation).»

4. *Exposez maintenant votre argumentation calmement, sans élever la voix, en expliquant le pourquoi de votre point de vue et en spécifiant les avantages mutuels à utiliser votre idée plutôt que la sienne.* Évidemment, c'est en supposant que votre idée est supérieure à la sienne. Si ce n'est pas le cas, acceptez la sienne avec humilité et gratitude.

5. *Appuyez votre opinion d'exemples imagés, de références, de témoignages ou de comparaisons.* Les gens auront toujours de la difficulté à accepter votre point de vue, à moins qu'il ne soit appuyé par d'autres personnes ou par des exemples concrets. Servez-vous de vos lectures, d'observations faites ailleurs, de commentaires que vous avez entendus, d'idées que vous avez apprises dans une formation ou des conseils d'un expert dans le domaine pour vous aider à faire accepter votre point de vue.

6. *Obtenez l'assentiment de votre interlocuteur.* Demandez-lui comment il trouve l'idée, ce qu'il en pense, s'il est d'accord avec le principe, etc. Évidemment, vous devez obtenir un oui clair et net. Sinon, présentez d'autres arguments.

7. *Permettez à votre interlocuteur de sauver la face.* Vous avez réussi à faire accepter votre point de vue. S.v.p., ne le laissez pas partir blessé par cette dure bataille. Dites que son opinion était excellente, qu'elle pourrait sûrement être applicable dans un autre contexte, ou plus tard, et que vous comprenez qu'il ait pensé cela parce que vous aussi, vous y avez déjà pensé.

Il est normal qu'il y ait un peu de déception chez la personne qui vient d'essuyer un revers. S.v.p., agissez en professionnel, évitez de pavoiser après avoir fait valoir votre point de vue.

Chapitre 21

Apprenez à dire non

Cela peut sembler un peu incongru, lorsqu'on parle de vente, de devoir développer le thème «Savoir refuser». Eh bien oui, il y a des fois où les demandes des acheteurs peuvent être impossibles à combler. Cela peut être faute de temps, de capacité organisationnelle, ou encore parce que la demande ne correspond pas à vos valeurs. Peu importe, un professionnel de votre trempe ne peut se contenter de répondre sèchement : «Non, désolé, je ne peux pas!» C'est pourquoi il me semble pertinent de vous suggérer six étapes simples à appliquer si vous devez refuser une demande quelconque.

Votre refus pourrait aussi concerner une offre, un poste, un nouveau rôle, une promotion ou une occasion d'affaires. Pourtant, ce n'est pas parce que vous refusez une opportunité aujourd'hui que vous ne souhaitez pas que l'on vous en offre d'autres plus tard, n'est-ce pas? Il importe donc de manifester votre refus de manière professionnelle, si vous ne voulez pas qu'il soit interprété comme général et final.

1. *Réfléchissez avant de donner votre réponse définitive.* La première impression n'est peut-être pas toujours la meilleure dans ces circonstances. Avant de refuser, prenez le temps d'approfondir la question. Si c'est une question d'horaire, est-ce possible de le modifier? Si c'est une question de compétences, pouvez-vous les acquérir? Si c'est parce que vous doutez de vous, pouvez-vous vous faire aider? Si c'est une demande complexe, pouvez-vous vous faire conseiller par un expert? Si cette offre risque de vous ouvrir la porte sur d'autres occasions futures plus intéressantes, est-ce que cela vaut la peine de souffrir un peu pour atteindre le ciel plus tard? Bref, ne répondez pas tout de suite, demandez un peu de temps pour y réfléchir et prenez congé. À tête reposée, chez vous, utilisez, s'il le faut, le bon vieux truc des «pour» et des «contre», afin de prendre une décision éclairée. C'est fait? OK! Vous avez décidé que c'était non. Vous ne pouvez quand même pas dire sèchement: «C'est non!»

2. *Soyez enthousiaste et professionnel.* Commençons par l'enthousiasme. Vous devez sûrement communiquer à nouveau avec la personne qui vous a fait l'offre. Peu importe que ce soit par téléphone ou en personne, arborez un sourire et soyez enthousiaste par rapport à votre rencontre avec elle. Autrement dit, évitez la mine déconfite. Par exemple: «Bonjour, M. Tremblay, c'est Guy Bourgeois, vous allez bien aujourd'hui? Comme convenu, je communique avec vous pour vous donner la réponse concernant l'offre que vous m'avez faite avant-hier. D'abord, merci d'avoir pensé à moi pour le poste X. Croyez-moi, je l'apprécie beaucoup (dans le cas d'une acceptation: c'est avec beaucoup de plaisir que j'accepte votre offre), mais je me vois dans l'obligation de ne pas accepter votre offre, M. Tremblay.»

3. *Manifestez le refus avec diligence.* Pour démontrer votre sérieux face à la demande que vous avez eue, vous pouvez

faire un léger résumé de votre réflexion. Expliquez le pourquoi de votre décision. Mentionnez que vous avez vraiment essayé d'accepter (selon la situation), mais que, malheureusement, ça ne sera pas possible pour vous en ce moment et que vous en êtes désolé. En passant, la langue française a de ces subtilités qui font qu'il est préférable de dire que ce n'est «pas possible» plutôt que de dire «impossible», qui est trop fermé.

4. *Présentez une solution de rechange.* Évidemment, cela dépend de l'offre ou de la demande, mais si votre refus risque de causer une grande déception à votre vis-à-vis, proposez-lui une solution de rechange, si vous en avez une, ou, à tout le moins, présentez votre refus sous un angle avantageux pour lui.

5. *Obtenez la réaction de la personne.* Si l'on tient compte que vous voulez toujours vous garder des portes ouvertes pour le futur, vous avez intérêt à savoir ce que la personne pense de votre refus. Des questions comme: «J'espère que vous n'êtes pas trop déçu?», «J'espère que ça ne vous met pas trop dans l'embarras?», «Je vous remercie encore de votre offre, j'espère que je ne vous ai pas trop fait perdre de temps?» ou «J'espère que mon refus ne vous fera pas passer à côté d'autres occasions?» Selon sa réponse, vous devriez être en mesure de sentir son malaise, si jamais il y en avait un, et de vous adapter à la circonstance.

Soupçon de VIE-naigrette

Je considère qu'il ne faut jamais lever le nez sur une offre quelconque en la traitant d'insignifiante. Je me rappelle avoir déjà refusé de faire une conférence pour quelqu'un parce que le budget alloué par son entre-

prise ne correspondait pas au cachet que j'avais l'habitude de demander. Après que le monsieur m'eut un peu enguirlandé en me disant que, selon lui, je demandais trop cher, j'ai failli lui répondre que, selon moi, c'était son entreprise qui était trop chiche, mais je me suis retenu. Cela m'a bien servi parce que, environ deux ans plus tard, le même monsieur me rappelait pour présenter une conférence dans une autre entreprise dont il était le nouveau directeur général. Il m'a dit : « Quand nous nous étions parlé, il y a deux ans, je vous avais donné un peu de fil à retordre et vous êtes demeuré très professionnel avec moi. C'est pour cela que je vous rappelle aujourd'hui. » Heureusement que je n'avais rien dit ! De toute façon, qu'est-ce que cela m'aurait donné de l'engueuler ? C'est pour cette raison qu'il faut toujours se garder toutes les portes ouvertes.

6. *Terminez sur du positif.* Comme c'est le cas pour conclure toute conversation que nous avons lorsque nous tentons de vendre notre salade, une situation de refus ne fait pas exception. Il faut toujours terminer sur du positif. Souhaitez-lui bonne chance dans son projet. Dites-lui que vous aimeriez en avoir des nouvelles, s'il y a lieu. Concluez en lui souhaitant une excellente fin de journée.

Dans un sens, je vous souhaite d'avoir à refuser des offres souvent, cela voudra dire que vous êtes très en demande. Cela vaut beaucoup mieux que de devoir accepter n'importe quoi.

Négociez

Parfois, vous n'aurez pas à refuser, mais plutôt à négocier parce que l'offre qui vous est faite est alléchante, mais il lui manque un petit quelque chose pour que vous l'acceptiez. C'est pourquoi quelques notions de base sur l'art de négocier peuvent grandement vous aider à vendre votre salade. Dans ce cas-ci, je ne parle pas de négociation de «prix», mais plutôt de négociation de «conditions». Remarquez que ces quelques conseils pourraient aussi servir à négocier des prix, mais je vous les présente au sens large du mot «négociation».

Qu'est-ce que négocier? C'est l'art de conclure une entente gagnante-gagnante, avec le moins de compromis possible. Cependant, qui dit négociation dit compromis, mais pas n'importe lequel.

Il est certain que l'expérience acquise au fil des ans, par de multiples négociations, aide grandement. Que vous soyez politicien, négociateur syndical, ambassadeur, employeur, employé ou dans le monde des affaires, il ne se passera pas une seule journée sans que vous ayez à négocier quelque chose avec quelqu'un. Voici quelques idées à retenir :

1. Il faut comprendre que le fait de vouloir négocier avec vous démontre un grand intérêt de la part de l'autre partie.

2. Une entente est valable seulement si les deux parties sont gagnantes. Sinon, cela s'appelle du chantage.

3. Vous n'êtes jamais obligé de négocier à la baisse. Souvent, on négocie à la baisse à cause de la faiblesse ou de l'absence d'arguments solides.

4. Pour négocier, vous devez connaître le dossier à fond. Sinon, vous serez perdant à coup sûr.

5. On ne cède jamais rien sans avoir gagné autre chose en échange. C'est du donnant-donnant.

Soupçon de VIE-naigrette

Il y a peu de temps, ma fille de dix-sept ans est venue me supplier d'aller lui louer un film au club vidéo du coin avec, comme prétexte, que nous sommes le lendemain de Noël, qu'elle est en pyjama et qu'il fait froid dehors. Vous savez comment ça se passe. Elle a commencé avec : « Mon petit papa d'amour, tu serais fin si... » tout en m'enlaçant dans ses bras. J'ai failli céder et accepter sans négocier, mais soudain, je me suis rappelé qu'une heure auparavant, je lui avais demandé de ramasser les papiers d'emballage de la veille qui traînaient dans le salon et que ce n'était pas encore fait. Vous vous doutez de la suite ? Ça a fonctionné. On a négocié un ménage du salon contre son film. Tout le monde était content et on a bien ri.

Voici quelques questions à vous poser avant d'entreprendre une négociation :

1. Quel est le portait d'ensemble ? Obtenez toute l'information disponible et l'historique du dossier.

2. Suis-je obligé de négocier ? Qu'est-ce j'ai à gagner ou à perdre ?

3. Quels arguments puis-je utiliser pour faire le moins de compromis possible ? Faites-vous une liste d'au moins dix arguments avant de vous présenter à la négociation.

4. Si je fais des compromis, qu'est-ce que je demande en échange ?

Vous avez répondu à ces questions ? Vous êtes prêt ? Alors, on y va. Voici les étapes d'une négociation réussie :

1. *Soyez à l'écoute des demandes de l'autre partie.* Assurez-vous qu'il n'y aura pas d'autres demandes qui s'ajouteront plus tard et découvrez le pourquoi de la négociation.

2. *Demeurez en contrôle.* Ne démontrez pas que vous êtes inquiet par la situation. Au contraire, renversez le rapport de force, dites, par exemple : «Dans ce cas-là (leurs demandes), pourrait-on envisager pouvoir faire ceci (vos demandes) ?»

3. *Prenez le temps d'y réfléchir.* Il ne faut pas que ce soit facile. Démontrez le sérieux de la chose. Dites : «Je vais prendre cela en considération et je vais vous revenir à (tel moment).» Respectez votre engagement.

4. *Revenez avec une proposition officielle et finale, et appuyée de solides arguments.*

   - Si vous n'acceptez pas la proposition, c'est pour tel ou tel motif.

   - Si vous l'acceptez, c'est en échange de telle ou telle affaire.

   - Si vous faites une contre-offre, c'est pour telle ou telle raison.

5. *Écoutez la réaction de l'autre partie.* Il se peut que la négociation se poursuive. S'il le faut, retournez à la case départ.

6. *Si l'entente se conclut, confirmez le tout par une poignée de main, un «marché conclu» et une confirmation par écrit, s'il y a lieu.*

Je vous assure que vous pouvez avoir beaucoup de plaisir à négocier. C'est un peu comme un jeu qui nous fait passer par toutes sortes d'émotions. Au départ, il y a l'insécurité, ensuite la recherche d'arguments et de solutions et, finalement, la conclusion de l'entente qui est, la plupart du temps, un moment de joie de part et d'autre. Je vous souhaite de bonnes et fructueuses négociations!

Chapitre 23

La philosophie
des arts martiaux

Je me suis toujours intéressé aux arts martiaux. Je trouve ça fascinant de voir la manière dont le corps peut bouger. Adolescent, j'allais voir tous les films de Bruce Lee et, encore de nos jours, je visionne, au moins une fois par année, le superbe *Tigre et dragon* de Ang Lee et la trilogie de *La matrice*.

Comme vous le savez probablement, il y a toute une psychologie qui se cache derrière les arts martiaux. Ce n'est pas du combat pour du combat, mais plutôt une recherche personnelle de la force, tant physique que psychologique, basée sur de l'autodéfense et non sur de l'attaque. Le concept de base de la plupart des arts martiaux est d'utiliser la force de l'autre pour le déstabiliser. Par exemple, si un adversaire tente de vous frapper, au lieu de lui opposer votre coup de poing par une force contraire, vous auriez avantage à profiter de sa force pour l'attirer vers vous, le faire culbuter et, ainsi, être en contrôle du prochain mouvement.

Je me suis toujours appliqué à utiliser la philosophie des arts martiaux dans ma stratégie de vente. C'est un peu à l'encontre de ce qui est enseigné habituellement ; par exemple, on a plutôt tendance à parler de «combattre les objections», tandis que je parle plutôt de «contourner les objections». Dans chacune de mes ventes, mon objectif n'est pas de me battre contre l'acheteur, mais de le voir comme un partenaire qui, au début, semble un peu réticent à considérer mon offre. Comme le stipulent les arts martiaux, si je l'attire vers moi au lieu de le repousser, j'aurai plus de succès. En tout cas, dans mon cas, ça marche. Voici comment tout cela peut s'articuler :

1. *Parlez toujours en bien de vos opposants (concurrents).* L'attitude contraire aurait pour effet d'inciter l'acheteur potentiel à vouloir les protéger. Si l'acheteur me parle d'un ou de plusieurs concurrents, je parle toujours en bien d'eux, les considérant comme des gens professionnels qui ont une excellente réputation dans le domaine.

2. *Faites toujours valoir vos avantages de manière positive.* Souvent, on fait cela sans vraiment s'en rendre compte, mais beaucoup de gens ont tendance à s'exprimer négativement pour vendre leur salade plutôt que positivement. Par exemple, un individu face à un nouvel employeur va dire de lui : «Je *ne suis jamais* malade, je *ne prends pas* de pause et je *ne parle jamais* dans le dos de mes collègues.» Avez-vous remarqué toutes les phrases négatives ? Voyons un autre exemple d'un entrepreneur qui essaie de vendre son projet d'entreprise à un banquier : «Je *n'ai jamais* fait faillite, je *ne suis pas* un paresseux et je *ne saute jamais* un paiement.» Vous avez compris le principe ? Voyons maintenant les mêmes arguments dits de manière positive, selon la philosophie des arts martiaux : «Je suis toujours en bonne santé, je travaille du matin au soir sans arrêt et j'ai toujours eu d'excellentes relations avec mes collègues de travail.» «J'ai toujours eu du succès dans le passé, je suis passionné et très travaillant, et je fais toujours mes paiements au bon moment.»

3. *Servez-vous de ses objections pour déstabiliser la personne.*
   Si elle vous répond qu'elle veut réfléchir à votre offre (je
   vais y penser), au lieu de lui présenter le classique «Vous
   voulez penser à quoi?», essayez plutôt de vous servir de
   son objection pour l'attirer vers vous et la déstabiliser. Voici
   quelques exemples:

   - *Je vais y penser*: «Je suis content que vous vouliez y pen-
     ser, c'est signe que mon offre vous intéresse. Puis-je vous
     demander s'il y a des points qui vous font hésiter?»

   - *Je n'ai pas le temps*: «Je suis ravi que vous me disiez cela,
     c'est signe que vous souhaitez prendre du temps pour
     que nous en discutions ensemble, n'est-ce pas? Êtes-vous
     plus disponible la semaine prochaine, préférez-vous mardi
     ou mercredi?»

   - *Je vais en parler à mon (conjoint, associé, etc.)*: «Je suis
     heureux que vous me disiez ça. Cela me confirme que
     vous, personnellement, vous trouvez mon offre intéres-
     sante. Quand pourrions-nous rencontrer votre (conjoint,
     associé, etc.) ensemble?»

   - *Je ne suis pas intéressé*: «Votre réponse est tout à fait
     normale, à ce stade-ci de notre relation, cela confirme
     que nous devons nous rencontrer pour évaluer vos be-
     soins et susciter votre intérêt. Quand pouvons-nous le
     faire?»

   - *Je vais vous rappeler*: «Votre réponse me réjouit, j'ai hâte
     que nous faisions des affaires ensemble. Quand croyez-
     vous pouvoir me rappeler? Si jamais nous avions de la
     difficulté à nous joindre, je vais vous rappeler au courant
     de la semaine prochaine.»

Soupçon de VIE-naigrette

Dans notre démocratie nord-américaine, les partis de l'opposition ont toujours critiqué systématiquement tout ce qui est proposé par le parti au pouvoir. C'est leur rôle. Ils sont l'opposition officielle. Imaginons un peu ce que serait l'opposition officielle si elle appliquait la philosophie des arts martiaux.

Le gouvernement annonce son budget et le porte-parole de l'opposition officielle commence par le féliciter pour les quelques bonnes idées qu'il renferme et souligne l'effort louable qu'il a fait sur certains sujets. Par la suite, le porte-parole propose quelques bonnes idées qui, si son parti avait été au pouvoir, auraient été appliquées dans le présent budget.

Le lendemain, à la une des journaux, les journalistes parleraient des bonnes idées que l'opposition a soumises et que le gouvernement actuel n'a pas jugé importantes. Cela amènerait automatiquement le ministre des Finances à justifier qu'il n'a pas eu ces idées-là, mettant ainsi, de manière positive, l'opposition officielle sur la sellette.

Revenons sur terre. Nous ne sommes pas près de voir ça !

Note pour les professionnels de la vente

Il existe des centaines d'autres trucs pour contourner les objections, mais comme je réserve ce livre à ceux qui n'aiment pas vendre, je m'en tiendrai donc, pour le moment, à la philosophie des arts martiaux. Vous trouverez quelques idées complémentaires sur les objections un peu plus loin dans la troisième partie du livre. Pour des trucs supplémentaires, je vous invite à vous inscrire à mon cours de deux jours intitulé «Le développement des ventes».

Vous avez compris le principe? C'est difficile à démontrer cela sur papier, mais croyez-moi, si vous utilisez cette méthode pour contourner les objections, vous déstabiliserez votre acheteur qui ne saura pas comment réagir face à vos réponses et qui sera tenté d'accepter vote proposition.

Chapitre 24

Vos arguments de vente

Les arguments de vente sont des caractéristiques, des avantages, des qualités, des particularités, des différences, de la valeur ajoutée, de l'expérience, etc. Bref, c'est tout ce qu'il y a de positif à dire sur vous et votre produit.

Il est entendu que, pour vendre, vous devez vous en tenir à ne présenter que les bons côtés du produit, et non les mauvais. Votre acheteur sait très bien qu'il n'y a pas de produit parfait, et s'il vous demande de lui dire quelques petits défauts par rapport au vôtre, j'espère que vous le ferez positivement, comme je vous l'ai enseigné précédemment. N'en dites quand même pas trop. Un ou deux suffiront, mais cela vous donnera de la crédibilité face à votre vis-à-vis parce que vous n'avez pas peur de parler de vos quelques petits défauts.

Soupçon de VIE-naigrette

C'est le propre de la vente de faire l'éloge des qualités en escamotant les quelques petits défauts. Il s'agit d'un réflexe normal de tous les êtres humains, pas seulement chez les vendeurs, face à un acte de séduction. Avez-vous déjà vu un CV révélant les erreurs de l'individu et mentionnant de mauvaises recommandations? Ou encore, avez-vous déjà vu, dans le journal ou sur des sites de rencontres, une annonce de quelqu'un qui cherche l'âme sœur, en mentionnant tous ses défauts? C'est ce que je veux dire en présentant les beaux côtés du produit...

Revenons à vos arguments de vente. Je vous suggère de reprendre votre cahier et de vous faire une liste d'au moins dix arguments de vente qui pourront vous démarquer des autres face à votre acheteur. N'oubliez pas, la plupart des salades sont bonnes, mais c'est la qualité, la quantité et l'ordre dans lequel les ingrédients sont ajoutés dans la salade qui font que chacune d'elles est unique. Vous êtes unique. Faites-le valoir dans votre argumentaire.

Je vous suggère de trouver au moins dix arguments par rapport à vous, et au moins cinq arguments pour chacune des autres catégories mentionnées ci-après si vous êtes évidemment concerné par celles-ci. Si vous réussissez à trouver de bons arguments et que vous les utilisez à bon escient, vous êtes en affaires! Voici quelques idées.

Arguments par rapport à vous

Quelles sont vos compétences? Quelles sont vos expériences de travail et de vie? Quelles attitudes vous démarquent des autres? Quelles sont vos valeurs? Quelles sont vos qualités? Comment vous sortez-vous des situations difficiles? Comment réagissez-vous face à l'adversité? Comment sont vos relations avec les autres? Êtes-vous travaillant? Quelle est votre situation de vie? Etc.

Arguments par rapport à vos idées

Comment vous est venue votre idée? Quel besoin comble votre idée? Y a-t-il des gens intéressés (clients) par votre idée? Quels sont les avantages de votre idée par rapport aux autres idées semblables? Si elle est acceptée, comment allez-vous l'implanter? Si votre idée n'est pas acceptée telle quelle, avez-vous une idée de rechange? Est-ce que votre idée fait gagner du temps, épargner de l'argent, ou amène-t-elle une valeur ajoutée à l'utilisateur? Etc.

Arguments par rapport à votre produit

Quelle est la marque? Comment est-il fabriqué? Quelles sont ses caractéristiques et quels sont ses avantages pour l'acheteur? Qu'est-ce qui le démarque des autres produits concurrents? Quelle est la garantie? Quel est le coût de revient? Quelle est sa durée de vie? Etc.

Arguments par rapport à votre service après-vente (équipe)

Qui s'occupera de l'acheteur après la vente? Quelles sont vos politiques de service à la clientèle? Quelles sont vos heures d'ouverture? Avez-vous remporté des prix quelconques en

matière de service à la clientèle? Votre personnel est-il quali-
fié? Pouvez-vous lui présenter des clients satisfaits? Etc.

Arguments par rapport à votre entreprise (équipe)

Depuis quand votre entreprise existe-t-elle? Où est-elle située?
Combien d'employés compte-t-elle? Combien de succursales
avez-vous? Qui en sont les dirigeants? Quelle est la réputation de votre entreprise? Avez-vous des exemples de réalisations concluantes? Qu'est-ce qui la démarque des autres?
Etc.

Arguments passe-partout

Voici une liste de quelques arguments que je qualifie de passe-
partout. Ils n'ont rien de révolutionnaire, tout le monde les
connaît, mais ils sont quand même utiles lorsque l'acheteur
hésite un peu à accepter notre idée: «Vous ne risquez rien à
m'essayer», «Cela ne vous engage à rien», «Je suis déjà dans
votre secteur de toute façon», «Donnez-vous la chance de
comparer», «Ça ne prendra que quelques minutes de votre
temps», «Vous pouvez me faire confiance», «Je vous garantis
que vous allez apprécier mes services», «Je suis convaincu que
vous faites une bonne affaire», etc.

Vos arguments de vente sont en fait vos outils pour bâtir
votre offre et convaincre l'autre. Si vous n'avez pas d'outils,
votre acheteur potentiel ne verra aucun avantage à faire des
affaires avec vous.

Troisième partie

Allez vendre votre salade

Chapitre 25

Ayez des objectifs précis et un plan d'action

Vous êtes maintenant fin prêt. Vous avez préparé vos ingrédients et les avez mélangés à votre salade? Bravo! Toutefois, avant de la faire goûter à vos acheteurs potentiels, l'avez-vous essayée? Est-elle bonne? convaincante? Oui? Non? Vous n'êtes pas certain? Il manque peut-être un petit quelque chose?

Pour vous en assurer, vous devriez peut-être la faire goûter à des gens que vous connaissez. D'ailleurs, je vous conseille de vous pratiquer un peu, devant une personne de confiance.

Voici les étapes que je vous suggère pour aller vendre votre salade.

Il y a d'abord les objectifs qui définissent *pourquoi* vous désirez vendre votre salade.

Quel est le but de votre démarche? Est-ce un objectif financier? le désir de réussir? un défi personnel? votre travail de tous les jours? Que voulez-vous accomplir? Pourquoi voulez-vous le faire vraiment? Que ferez-vous si cela s'avère plus difficile que prévu? Qu'est-ce qui vous motive? Quel est votre rêve? Etc.

Ce sont autant de questions auxquelles il vous faudra répondre, tôt ou tard, sur le chemin de la réussite. Par exemple: «Je veux me lancer en affaires», «Je veux terminer mes études», «Je veux me payer une maison», «Je veux démarrer une carrière artistique», «Je veux obtenir tel poste», etc.

Je vous suggère de reprendre votre cahier et d'écrire pourquoi vous voulez vendre votre salade.

Il y a aussi les objectifs d'*action*; ce sont ceux qui vous aident et incitent à passer à l'action.

Quel total ou nombre de salades vendues voulez-vous atteindre dans l'année qui vient? Combien de temps allez-vous investir, par mois ou par semaine, à vendre votre salade? À quel rythme allez-vous agir?

Par exemple: «Je veux atteindre tel revenu dans l'année qui vient», «Je vais suivre des cours deux soirs par semaine», «Je vais consacrer une fin de semaine sur deux à la construction de mon petit commerce», «Je vais contacter dix acheteurs potentiels par semaine», etc.

Comme on ne va nulle part sans un plan, je vous suggère d'en faire un le plus détaillé possible, mais toujours en relation avec vos objectifs.

Si nous reprenons les exemples précédents, cela pourra donner:

- «Je veux atteindre tel revenu dans l'année qui vient. Pour ce faire, je vais d'abord débuter par augmenter ma valeur personnelle et mes compétences et, ainsi, je pourrai demander plus cher à mon patron ou à mes clients.»

- «Je vais suivre des cours deux soirs par semaine. Pour ce faire, je vais suivre des cours pour parfaire mon anglais. Par la suite, je vais m'inscrire à des cours de gestion, etc.»

- «Je vais consacrer une fin de semaine sur deux à la construction de mon petit commerce. Pour ce faire, je vais commencer par préparer les plans de mon commerce, acheter les équipements nécessaires, puis me monter une équipe qui va m'aider, etc.»

- «Je vais contacter dix acheteurs potentiels par semaine. Pour ce faire, je vais fouiller, tous les lundis matin, sur des sites Internet afin de trouver des entreprises qui seraient intéressées à ma salade et je vais en appeler tous les après-midi, jusqu'à ce que j'obtienne dix rendez-vous par semaine, etc.»

Si vous n'avez pas d'objectif ni de plan d'action, le découragement vous envahira au moindre revers.

Chapitre 26

Effort et régularité

Pour que vos objectifs se réalisent et que votre plan d'action fonctionne, il faut assurément qu'il soit rehaussé avec deux autres ingrédients essentiels : l'effort et la régularité.

À moins que vos objectifs ne soient dérisoires, ce dont je doute – sinon, pourquoi liriez-vous ce livre ? –, il vous faudra faire des efforts. Ça n'arrive pas tout seul. C'est une question de choix et de discipline. Le docteur Scott Peck, dans son livre *Le chemin le moins fréquenté*, dit que la discipline, c'est de faire, en premier, les choses qui nous rendent mal à l'aise, pour ensuite jouir de l'aisance que l'on souhaite (matérielle ou autre). Ceux qui n'ont pas de discipline optent tout d'abord pour la facilité. Toutefois, plus tard, ils se retrouvent souvent dans une situation où ils doivent mettre des efforts supplémentaires pour se rattraper. Par exemple, c'est le cas de celui qui achète tout de suite, mais qui veut payer plus tard. Il y a toujours des intérêts, n'est-ce pas ? C'est la même chose dans tout. L'effort, qui doit être fait après, est toujours pire que s'il avait été fait avant. C'est vrai pour payer les dettes, pour arrêter de fumer, pour maigrir, etc.

Revenons à la discipline. Vous devez vaincre vos peurs, transpirer, douter, échouer et recommencer. C'est ça, le chemin du succès. Le succès facile n'existe pas. Ça ne veut pas dire pour autant que c'est désagréable ; au contraire, c'est très satisfaisant, mais ça demande des efforts. Si vous n'en faites pas, vous ne réussirez pas. C'est aussi simple que ça.

Aussi, vos efforts doivent être réguliers, c'est-à-dire qu'ils doivent se multiplier par eux-mêmes. Essayer deux ou trois fois d'appeler un client potentiel, postuler un poste convoité une ou deux fois, sans succès, ou suivre un cours d'anglais et l'abandonner par la suite ne mènera à rien.

C'est la régularité qui permet aux vagues d'éroder les rochers. Je le répète, il faut faire avec régularité, sans vous lasser, ce que vous devez faire pour réussir. Ne lâchez jamais !

Chapitre 27

Amenez la discussion sur votre salade

À cette étape-ci de la vente, il est difficile, pour moi, de deviner de quelle façon vous allez entrer en contact avec votre ou vos acheteurs potentiels. Aussi, comme j'ai décidé de ne pas parler de sollicitation (communément appelée *cold call*) dans ce livre, je me contenterai de supposer que vous appellerez des gens potentiellement intéressés à votre salade par diverses façons.

Que ce soit lors d'une rencontre mondaine ou que vous répondiez à une annonce, que vous décidiez de prendre la parole dans une réunion pour parler de votre idée ou que vous appeliez un banquier pour vendre votre projet, vous devrez vous présenter et présenter votre idée. Voici quelques suggestions :

1. *Présentez-vous clairement et demandez à votre interlocuteur de pouvoir aborder le sujet ou de prendre rendez-vous avec lui.* Par exemple : «Bonjour, M. le banquier, je m'appelle Guy Bourgeois. Je travaille actuellement sur un projet d'affaires très intéressant (vous pouvez mentionner le domaine). Est-

ce possible d'aller vous en présenter les grandes lignes afin de voir de quelle façon nous pourrions travailler ensemble? Êtes-vous disponible demain?»

Aussi, si vous voulez sensibiliser un acheteur potentiel sur un sujet en particulier, il est important que vous démontriez visuellement que vous êtes le promoteur du sujet ou du produit en question. Auriez-vous intérêt à vous identifier comme tel? Il est possible que oui.

- Identifiez-vous comme le promoteur du produit en question.

- Ayez toujours à portée de la main des documents, des affiches, des dépliants, des cartes professionnelles, des graphiques, votre CV, etc., afin de les utiliser, s'il y a lieu.

Soupçon de VIE-naigrette

Récemment, j'ai entendu un *comédien* raconter que lorsqu'il s'est présenté à une audition pour jouer dans une publicité où l'on avait besoin d'un porte-parole un peu niais, il avait les cheveux léchés, arborait une fausse moustache et portait un vieux col roulé. Il a obtenu le rôle et les publicitaires ont bâti le concept autour du personnage créé par celui-ci.

2. *Éveillez son intérêt.* Les acheteurs potentiels se font tellement solliciter de nos jours que si vous ne réussissez pas à éveiller leur intérêt dès les premiers instants, il se peut qu'ils vous entendent, sans pour autant vous écouter vraiment. Je vous suggère donc d'utiliser des mots qui ont du

punch comme : nouveau, payant, rendement, améliorer, économie, intéressant, épargner, simplifier, efficace, solution, meilleur, prévention, etc.

Certaines questions peuvent aussi jouer le même rôle : Saviez-vous que...? Aimeriez-vous si...? Êtes-vous au courant de...? S'il vous était possible de...? Estimez-vous faire...? Actuellement, obtenez-vous les rendements souhaités...? Etc.

3. *Analysez et évaluez ses besoins.* Vous devez absolument connaître les besoins de votre acheteur potentiel si vous voulez maximiser vos possibilités de conclure la vente. L'évaluation des besoins, nécessaire à votre vente, peut se faire avant votre rencontre (dans le cas où vous connaissez, à l'avance, la situation de l'acheteur), pendant votre rencontre, mais rarement après celle-ci. On pourrait comparer l'étape de l'analyse de besoins à ce que fait un médecin pour diagnostiquer un problème de santé, c'est-à-dire qu'il pose plusieurs questions ayant toutes pour objectif de cerner le problème, dans le but de vous proposer le remède adéquat. En vente, le remède, c'est votre salade.

L'analyse de besoins consiste à faire parler le plus possible l'acheteur potentiel sur ses besoins. Il faut donc que vous posiez des questions et que vous écoutiez les réponses. C'est le temps d'appliquer les règles d'écoute active dont j'ai parlé prédécemment.

La stratégie est la suivante : plus vous le faites parler, plus il se commet parce qu'il vous donne beaucoup d'informations. Cela facilite votre vente. Aussi, plus vous le faites parler, plus vous le rendez important, ce qui le valorise. Résultat : il vous apprécie plus en tant qu'être humain. En prime, plus vous posez de questions sur ses besoins, plus il vous trouve compétent, et cela vous permet de garder le contrôle de la conversation.

Il faut savoir que le contrôle de la conversation appartient à celui qui pose majoritairement les questions. S'il s'agit de votre acheteur (comme c'est souvent le cas lors d'une entrevue), c'est lui qui est en contrôle de la conversation. C'est pourquoi je vous ai proposé précédemment de poser des questions en fin d'entrevue pour équilibrer le tout.

Quelles questions faut-il poser? De manière générale, ce sont celles qui vous informeront sur le qui, le quand, le quoi, le où, le comment et le pourquoi. Je ne sais pas comment ces questions peuvent s'articuler dans votre domaine d'activité, mais voici un exemple qui pourrait s'appliquer dans le commerce de détail.

Admettons qu'un client démontre de l'intérêt pour une caméra numérique. Voici les questions que devrait poser le vendeur ou le conseiller:

- Est-ce pour vous ou pour quelqu'un d'autre?
- L'utiliserez-vous pour le travail ou pour les loisirs?
- Est-ce votre première caméra numérique?
- Quels types de photos allez-vous prendre?
- Les prendrez-vous plus à l'intérieur ou à l'extérieur?
- De quel budget disposez-vous?
- De combien de mégapixels croyez-vous avoir besoin?
- Imprimerez-vous vos photos ou les placerez-vous sur Internet?
- Connaissez-vous vos besoins concernant le téléobjectif?
- Etc.

Allons-y avec un autre exemple. Je vous ai mentionné, au début du livre, que j'avais présenté une formation de vente à des éleveurs de vaches de race X (qui n'avaient aucune formation de vendeur), afin qu'ils profitent de discussions impromptues entre producteurs, au cours de différentes réunions agricoles, pour vendre les avantages de leur race.

Évidemment, les questions vont peut-être vous faire sourire, mais mon objectif est de vous démontrer que, peu importe le domaine, vous avez toujours avantage à évaluer les besoins de votre acheteur potentiel. Voici l'analyse de leurs besoins :

- Avez-vous toujours un troupeau de vaches de race Y?
- Combien de têtes avez-vous?
- Y a-t-il beaucoup de maladies dans votre troupeau?
- Vos vaches ont-elles de la difficulté à vêler?
- Quel pourcentage de gras de lait produisez-vous?
- Saviez-vous que les vaches X sont moins malades?
- Aimeriez-vous que vos vaches puissent vêler toutes seules, plutôt que de passer la nuit à les surveiller?
- En sachant que vous pourriez avoir un meilleur rendement de pourcentage de gras et ainsi devenir plus rentable, seriez-vous intéressé à essayer quelques-unes de nos vaches de race X pour voir ce qui en est?
- Etc.

Comme vous le voyez, une évaluation des besoins de l'acheteur peut comporter plusieurs questions, et celles-ci peuvent varier énormément d'un domaine à l'autre. Ce qu'il faut retenir, c'est que plus votre analyse des besoins sera complète, plus cela simplifiera votre vente. Plus vous poserez de questions, mieux vous connaîtrez la situation de l'acheteur éventuel. Selon moi, une bonne analyse de besoins devrait comporter au moins quatre à six questions.

4. *Faites votre offre.* C'est maintenant le temps d'utiliser les arguments que vous avez préparés pour vendre votre salade. Mettez de l'avant vos caractéristiques et avantages ainsi que tous les autres arguments disponibles. Voici d'autres idées pour mieux présenter votre offre :

- Offrez deux ou trois options. Si vous vous limitez à une seule offre, c'est un peu comme si vous disiez à votre acheteur : « C'est ça ou rien ! » C'est un peu mince comme proposition. Si vous proposez deux ou trois choix, sa décision est plus facile à prendre. Les choix offerts peuvent varier selon le cas. Par exemple, cela peut être deux choix de journée pour un rendez-vous, deux choix d'investissement pour la banque que vous sollicitez pour investir dans votre projet, trois façons de mettre en place votre idée, etc.

- Démontrez votre proposition. Les gens achètent avec leurs cinq sens. Si vous vous efforcez de faire intervenir plusieurs sens dans votre présentation, vous maximisez vos chances de succès. Pour la vue, démontrez visuellement ce que vous vendez ; montrez des photos, des graphiques, etc. Pour l'ouïe, faites entendre des commentaires, mettez de la musique d'ambiance, s'il y a lieu. Pour le toucher, faites essayer, toucher, prendre dans leurs mains le produit. Pour le goût, faites goûter et savourer. Pour l'odorat, arrangez-vous pour que votre produit sente bon.

Soupçon de VIE-naigrette

Dans la vente immobilière, une toute nouvelle idée vient de faire son apparition : le *home staging* ou la mise en valeur d'une propriété. Vous voulez vendre votre maison ? Votre agent immobilier peut vous envoyer une spécialiste (ce sont souvent des femmes) qui, moyennant une certaine somme, vous fera des suggestions pour modifier la présentation de votre maison, afin d'impressionner les futurs acheteurs qui viendront la visiter. Il peut s'agir de repeindre une ou deux pièces, de mettre une musique d'ambiance et de faire cuire une tarte aux pommes, avant que les visiteurs arrivent, question que ça sente bon. C'est un bon exemple de l'utilisation des sens humains pour vendre plus facilement.

- Exprimez-vous toujours en fonction du client, et non en fonction du produit que vous vendez. L'objectif de cette méthode est d'impliquer le client dans la vente et de lui faire sentir que cela lui profite à lui, et non uniquement à vous. Par exemple, si vous vendez des maisons et que vous dites à votre acheteur que telle maison a un puits de lumière, un garage double et que le sous-sol est fini, vous venez de donner trois caractéristiques au client. Toutefois, si vous lui dites : avec cette maison, *vous avez* un puits de lumière, *vous avez* un garage double et, de plus, *votre* sous-sol est fini. Vous venez d'utiliser les mêmes caractéristiques en fonction du client, au lieu du produit. C'est lui qui possède ces avantages, et non le produit. Je vous assure que ça marche.

- Observez les gestes de votre acheteur potentiel durant votre présentation. Certains d'entre eux, faits inconsciemment, peuvent indiquer son état d'esprit. Par exemple :
  - S'il croise les bras, cela peut vouloir dire une certaine lassitude ou une fermeture face à votre offre.
  - Il en va de même s'il regarde ailleurs durant votre présentation.
  - S'il fronce les sourcils, cela peut vouloir dire qu'il a une question. Demandez-lui.
  - S'il se cache momentanément le visage, c'est peut-être qu'il cache sa véritable opinion.

- S'il sourit, c'est bon signe.
- Il en va de même s'il se rapproche de vous et s'il appuie ses coudes sur la table.
- S'il regarde son partenaire ou son associé, cela veut dire qu'il est intéressé et qu'il recherche l'approbation de l'autre.
- Si, inconsciemment, il fait un léger signe de tête à la verticale, cela démontre son intérêt.
- S'il se frotte le menton, c'est un signe de réflexion. C'est peut-être le moment de conclure votre vente.

Si vous tenez compte de ces quelques idées, votre offre ne sera que plus alléchante. N'oubliez jamais que si vous contrôlez la conversation, vous contrôlez la situation.

Les objections

Le Larousse définit une objection comme un «argument opposé à un autre». Vous venez de présenter plusieurs arguments à votre acheteur potentiel. Ce serait trop beau et peut-être un peu irréaliste s'il acceptait tout de suite votre offre. La réalité étant ce qu'elle est, vous ferez régulièrement face à des objections en tentant de vendre votre salade. Si vous avez des enfants, vous savez ce que je veux dire, n'est-ce pas? «Sébastien, va faire le ménage de ta chambre avant de partir!» «Ça me tente pas, papa, j'ai pas le temps, faut que je parte tout de suite!» Vous connaissez la suite?

Les objections font donc partie de la vie de tous les jours, c'est la même chose en vente. Cependant, il existe des façons de les contourner (sauf la philosophie des arts martiaux dont j'ai parlé précédemment) afin de vous permettre de poursuivre la conversation avec l'acheteur potentiel.

En vente, les objections sont, la plupart du temps, des façons de manifester de l'insécurité face à votre offre, ou encore de vous empêcher de garder le contrôle de la prochaine rencontre et de remettre la décision à plus tard.

Attention, il n'est pas question de se transformer en «vendeur à pression», mais juste de découvrir ce qui se cache derrière l'objection et d'amener l'acheteur à surmonter son insécurité.

«Je vais y penser...», «Je ne suis pas sûr...», «Je vais voir...», «Je vais en parler à...», «Je vais vérifier ça...», «Je ne suis pas intéressé à...», «Je vais vous rappeler», etc., sont les objections les plus fréquentes. On les appelle les *objections floues*. Elles servent à remettre la décision à plus tard ou à camoufler une autre intention.

Il y a aussi les *objections de manque de confiance*: «Je ne veux pas», «Je ne crois pas à ça», «Je n'ai pas confiance en...», «Ça ne donne rien», «Je n'en ai pas besoin», «Ça coûte trop cher», «J'ai peur de me tromper», ou toute autre objection concernant votre produit.

Finalement, il y a les *objections de prix* (ou négociations de prix), dont je ne parlerai pas dans ce livre pour les raisons que vous connaissez, mais elles existent.

Comment doit-on réagir lorsque l'acheteur potentiel émet une de ces objections? Voici cinq étapes simples à suivre:

1. *Écoutez toute l'objection.* Demeurez calme. Manifestez une écoute attentive et active.

2. *Acceptez l'objection.* Démontrez que vous comprenez l'objection de l'acheteur et que c'est normal qu'il pense cela. À la limite, vous vous attendiez à cette réaction de sa part. C'est le bon moment d'utiliser des coussins psychologiques: «Je comprends votre point de vue», «Vous avez raison de vous soucier de...», «C'est vrai, je vois ce que vous voulez dire...».

3. *Contrebalancez son objection par des arguments.* C'est le moment de présenter d'autres avantages qui viennent contrebalancer le poids de son objection. En général, vous aurez besoin de trois arguments positifs pour équilibrer le poids négatif d'une seule objection. Par exemple, un employeur vous dit, lors d'une entrevue, que vous n'avez pas tout à fait le profil recherché. Si vous utilisez trois arguments positifs tels que : «C'est vrai, Monsieur. Cependant, je suis une personne qui a un grand désir de réussir (1), j'ai une capacité d'apprentissage très rapide (2) et je souhaite vivement me joindre à votre entreprise parce que j'adore ce domaine et que je veux y travailler (3).» Avec trois arguments, vous réussirez à ébranler son objection et, voyant votre grande détermination, il vous laissera probablement une chance. C'est à retenir : trois arguments positifs pour un argument négatif. De nombreuses personnes ont réussi à changer leur vie parce qu'elles ont eu cette ténacité à des moments importants.

4. *Confirmez son accord.* Assurez-vous qu'il est d'accord avec ce que vous venez de dire. Il s'agit de poser une question. Par exemple : «Qu'en dites-vous?», «Est-ce que je vous ai rassuré?», «Êtes-vous du même avis que moi?», «Est-ce que cela vous sécurise par rapport à vos doutes?», etc. L'objectif est qu'il vous réponde oui.

5. *Concluez votre vente.* S'il vous a répondu oui, concluez l'accord. «Alors, je pourrais débuter quand?», «Cela fonctionne?», «On s'entend là-dessus?», «Je vois que vous êtes d'accord avec moi». Il existe des milliers d'autres façons de conclure votre entente. Soyez créatif.

Concernant les objections floues, c'est autre chose. Comme l'acheteur ne précise pas sa véritable objection, c'est qu'il a quelque chose à cacher. Dans ce cas-là, vous avez deux choix :

- Vous mettez fin à la conversation sur cette objection floue, mais vous tentez de garder le contrôle du prochain appel en lui demandant : « On se reparle quand à ce sujet, Monsieur ? »

- Vous tentez de découvrir sa véritable objection en utilisant un des cinq trucs qui suit.

Soupçon de VIE-naigrette

Il y a quelques années, un futur client m'a reçu dans son bureau pour un éventuel programme de formation dans son entreprise. Tout au long de la rencontre, il s'est montré très ouvert à tout ce que je lui disais, mentionnant même à plusieurs reprises que, et je cite : « C'est très, très intéressant, M. Bourgeois. » Je me suis dit intérieurement : « C'est dans la poche ! » Toutefois, quelle ne fut pas ma surprise lorsqu'il m'a dit, à la fin de la rencontre : « Je vais y réfléchir et on va vous revenir. » J'ai eu beau essayer de le faire parler, de lui demander ce qui le faisait hésiter, rien n'y faisait. Il demeurait sur sa position. « C'est très, très intéressant, M. Bourgeois, mais on va vous revenir. » On a donc conclu que je le rappellerais la semaine suivante. Cependant, surprise, quand je l'ai rappelé, la réceptionniste m'a dit : « Monsieur X ne travaille plus chez nous, c'est Madame Y qui a repris ses dossiers. » C'est là que j'ai compris pourquoi il ne pouvait me donner de réponse officielle. Tout cela pour vous dire que même en essayant tous les trucs inimaginables, c'est toujours l'acheteur qui a le gros bout du bâton.

Tout en étant conscient que ça ne fonctionne pas à tout coup, voici cinq trucs pour vous aider à découvrir la véritable objection et y répondre :

1. *Redonnez d'autres avantages pour l'acheteur.* S'il vous dit une objection floue telle que : «Je vais y penser», «On va rappeler», etc., donnez-lui un ou deux autres avantages comme : «Nous avons un service après-vente hors pair parce que nous sommes les seuls à être ouverts tous les soirs!» Ça devrait le forcer à vous donner une autre objection qui sera probablement la véritable objection, celle qu'il voulait vous cacher : «Je vais être franc avec vous, vous êtes un peu plus cher que vos concurrents!» Vous voyez, cela a marché. Il s'agit maintenant de vous assurer qu'il compare vraiment avec le même produit ou service que le vôtre et de justifier pourquoi vous êtes, selon lui, un peu plus cher.

2. *Interrogez-le sur son objection.* Le deuxième truc est très souvent utilisé par les professionnels de la vente, mais aussi par des avocats, des interviewers, des enquêteurs. Le but est toujours de faire ressortir la vérité. Les questions les plus employées sont : «Qu'est-ce que vous voulez dire par là?», «Qu'est-ce qui vous fait hésiter?», «Avec quoi souhaitez-vous comparer?», «À quel niveau se situe votre hésitation?», etc.

3. *Faites en sorte qu'il s'engage tout en isolant son objection.* Cette astuce consiste à isoler l'objection de votre client, en faisant en sorte qu'elle soit sa dernière et qu'il n'y ait rien d'autre qui l'empêchera de prendre sa décision. Par la suite, vous n'avez qu'à présenter trois arguments positifs (trois pour un) pour équilibrer sa dernière objection. Par exemple : «Vous n'avez pas tout à fait le profil que nous recherchons!» Vous pourriez répondre : «Mis à part mon profil, estimez-vous que j'ai les compétences et la bonne attitude pour réussir?» Évidemment, il faut qu'il réponde

oui. Si c'est le cas, vous venez d'isoler son objection, il ne peut plus vous en présenter d'autres par la suite. Redonnez trois autres arguments positifs et attendez sa réaction. Voici différentes façons d'isoler son objection :

- « Mis à part cela (soit l'objection), est-ce que ça fonctionnerait ? »

- « Si ce n'était pas de cela, est-ce que vous trouveriez mon offre intéressante ? »

- « Mis à part le prix, est-ce que la qualité de mon produit répond à vos besoins ? »

- « À part le fait que vous trouvez que le moment n'est pas approprié, trouvez-vous que mon offre est intéressante ? »

- « En admettant qu'on s'entende sur ce détail (l'objection), est-il possible de conclure le marché aujourd'hui ? »

- « Mis à part le fait que vous désiriez en parler à votre associé, comment jugez-vous personnellement mon offre ? »

Comme vous le voyez, cette méthode offre de multiples possibilités.

4. *Apportez des comparaisons inverses.* Il est parfois impossible d'avoir réponse à tout. Comme une objection est en réalité une opinion, il suffit de présenter une opinion inverse, avec politesse et professionnalisme, afin de peut-être amener l'acheteur à modifier ou à carrément abandonner son objection. Voyons ce que cela peut donner :

   - « Je trouve ça complexe votre idée ! » « C'est possible. Pourtant, l'entreprise X utilise ce système depuis plus de deux ans. »

   - « Notre entreprise a déjà utilisé ce genre de service et cela n'avait pas été concluant ! » « Vous avez raison. Cependant, le concept a beaucoup évolué depuis, et maintenant, plusieurs organisations se prévalent de ce service. »

- « Notre banque a déjà investi dans une entreprise qui avait lancé un produit semblable, et nous avons perdu des centaines de milliers de dollars dans l'aventure ! » « Je comprends votre réticence. Par contre, notre produit est différent de ce dont vous parlez et, de plus, le concept est extrêmement porteur en Europe. »

Pour donner des comparaisons inverses, cela implique que vous soyez très bien renseigné sur votre marché et sur les multiples possibilités offertes par votre salade.

5. *Reformulez son objection en une question claire.* Comme vous le constaterez dans vos propres expériences, la majorité des objections ne sont pas des questions, sinon il serait facile d'y répondre. Pourtant, il est possible de transformer une objection en question afin que, par la suite, l'acheteur ou vous puissiez y répondre. Il s'agit de prendre l'objection et de la formuler en question. Voici des exemples :

- « Je vais y penser ! » « Alors si vous preniez le temps d'y réfléchir, nous pourrions peut-être nous entendre ? »

- « Je ne crois pas que cela fonctionne ! » « Vous voulez dire que si je vous démontrais que c'est efficace, vous seriez intéressé ? »

- « Je vais vous rappeler ! » « Est-ce que je dois interpréter votre intention de me rappeler comme un signe d'intérêt ? »

- « Je n'y vois pas d'intérêt ! » « Vous voulez dire que si j'allais vous rencontrer afin que je puisse vous démontrer ma salade, vous y seriez peut-être intéressé ? »

Évidemment, ce ne sont que des exemples. Et je soupçonne que vous avez pensé que certaines de mes questions ne vous permettraient pas vraiment de résoudre l'objection. Vous avez raison. Ce n'est pas mon véritable objectif. Je veux tout simplement amener l'acheteur à ouvrir son jeu et à me donner le véritable fond de sa pensée, si cela est possible.

Voici quelques détails à surveiller :

- Vous pouvez faire de deux à trois tentatives pour contourner l'objection, mais pas au-delà de ce nombre.

- C'est une question de dosage. Utilisez votre flair. Il ne faut pas trop exagérer.

- Ne posez pas la même question de conclusion (*closing*) deux fois consécutives.

- Si le client répète deux fois consécutives la même objection, cessez vos questions et tentez de planifier un suivi.

En fait, une objection n'est jamais une réponse finale. Elle représente une opinion au moment où elle est donnée, point à la ligne. Celle-ci peut se modifier avec le temps si vous gardez contact avec l'acheteur, ou si vous lui donnez d'autres informations qui lui permettront de modifier son opinion. Pour y parvenir, vous pouvez utiliser d'autres arguments, présenter des solutions de rechange, reformuler, questionner ou présenter des opinions opposées.

Chapitre 29

Concluez la vente de votre salade

On y est presque! Vous avez travaillé fort jusqu'ici. Vous avez découvert un acheteur potentiel, vous l'avez rejoint, vous vous êtes présenté à lui, vous avez capté son attention, éveillé son intérêt, évalué ses besoins, présenté votre offre, contourné ses objections, et là, vous êtes rendu à la conclusion de la vente de votre salade. Il ne faut pas lâcher si près du but. Allez-y, concluez!

Croyez-le ou non, selon des enquêtes faites par des acheteurs mystérieux partout en province, on a découvert que seulement 20 % des «vrais vendeurs» tentaient de conclure la vente, tandis que 80 % se contentaient de remettre leur carte professionnelle, en disant: «Vous reviendrez me voir s'il y a quelque chose!» ou une phrase similaire.

Pourquoi ont-ils peur de conclure la vente? Selon moi, il existe deux raisons:

1. Ils ont peur du refus. En ne demandant pas à l'acheteur de prendre sa décision, ils évitent de se faire dire non. Si c'est

votre cas, c'est un problème de confiance en soi. Relisez le chapitre 11 de ce livre qui porte sur ce sujet et foncez !

2. Ils ne savent pas comment faire. Si c'était votre cas, avant la lecture du livre, ça ne devrait plus l'être maintenant. Terminez le livre. Relisez-le et foncez !

Pour conclure votre vente, il faut :

- *Avoir suffisamment bien présenté votre offre* pour qu'elle soit claire à l'esprit de l'acheteur, afin qu'il prenne une décision éclairée. L'avez-vous fait ?

- *Avoir contourné toutes les objections de l'acheteur* à l'aide des trucs énumérés précédemment. L'avez-vous fait ?

- *Lui avoir demandé s'il a d'autres questions.* C'est une façon simple de passer de l'étape « Présentation de l'offre » à l'étape « Conclusion de la vente ». Il suffit de demander : « Avez-vous d'autres questions, M. l'acheteur ? » Et sa réponse : « Non ! »

- *Saisir le bon moment.* S'il répond non à votre question précédente, c'est le moment idéal. Vous avez environ deux secondes pour prononcer une question de conclusion de vente. Si vous attendez plus de deux secondes, vous risquez qu'il reprenne le contrôle de la situation (vous vous rappelez que le contrôle de la conversation appartient à celui qui pose les questions) et qu'il vous dise qu'il va y réfléchir. Le bon moment peut aussi se produire avant cela ; surveillez toujours les comportements non verbaux (se frotter le menton, sourire, faire un signe de tête, etc.), et adaptez-vous en conséquence. Plusieurs vendeurs ont aussi la mauvaise habitude de beaucoup trop parler et d'en ajouter. S'il n'a plus de question, concluez !

- *Connaître de nombreuses questions appropriées à la conclusion d'une vente.* Il en existe quatre types.

  1. *Les questions suggestives.* Elles suggèrent l'achat ou la prise de décision: «C'est beau?», «C'est d'accord?», «On s'entend là-dessus?», «Marché conclu?», «Vous êtes partant?», «C'est OK pour vous?», «Ça marche comme ça?», «Ça vous va?», «Vendu?», «C'est parti?», «Vous prenez celui-là?», etc. Comme vous le constatez, les possibilités sont infinies selon votre domaine d'activité et la situation.

  2. *Les questions à double choix.* Elles offrent deux options positives. Évidemment, vous devez être gagnant (et lui aussi) dans les deux options que vous proposez: «Est-ce que vous y allez avec celui-ci ou celui-là?», «Le bleu ou le rouge?», «Est-ce pour payer comptant ou par carte de crédit?», «Est-ce qu'on débute la semaine prochaine ou l'autre?», «En prenez-vous dix ou quinze caisses?», «Est-ce Pierre ou Jean qui va s'en occuper?», etc. Là aussi, les possibilités sont infinies.

  3. *Les questions réflexes.* Elles ne demandent pas directement une prise de décision de la part de l'acheteur, mais l'acception d'une action qui devra être posée en prenant une décision positive: «Qui va s'occuper du dossier?», «À qui devrais-je me reporter lundi matin?», «Où envoie-t-on la marchandise?», «À quel nom fait-on la facture?», «À quelle date débute-t-on?», «Avez-vous un compte ouvert chez nous?», etc. Si l'acheteur répond à une de ces questions, c'est qu'il donne son aval à votre offre.

  4. *Les questions qui demandent une implication ou à «pensée renversée».* Elles inversent les rôles, en mettant l'acheteur à la place du vendeur: «Si vous étiez à ma place, que feriez-vous pour que nous ayons une entente?», «Qu'avez-vous à me suggérer pour que nous finalisions

notre projet?», «Vous, comment voyez-vous cela?», «Comment aimeriez-vous que notre partenariat débute?», etc. En gros, il suffit de demander à l'acheteur comment il agirait s'il était à votre place ou ce qu'il a à vous suggérer pour que l'entente soit conclue.

Voici quelques détails à surveiller :

- N'oubliez surtout pas de conclure.

- Soyez confiant, sûr de vous et anticipez toujours une réponse positive.

- Regardez votre acheteur dans les yeux; s'ils sont deux, partagez votre regard entre eux.

- Face à deux interlocuteurs, si l'un d'entre eux démontre plus de réticence que l'autre, n'essayez pas de le convaincre, vous risqueriez de le braquer contre vous. Présentez plutôt d'autres arguments positifs que l'interlocuteur réceptif pourra utiliser pour convaincre son partenaire récalcitrant.

- Attention, la personne qui parle peu est souvent celle qui influence le plus la décision. Impliquez-la dès le départ.

- Si l'acheteur se montre indécis, éloignez-vous quelque peu (demandez pour aller à la salle de bain si vous vous trouvez dans ses bureaux, ou allez lui chercher un café s'il est chez vous).

- Si la réponse est positive, serrez-lui la main et félicitez-le pour sa bonne décision.

Je tiens à préciser qu'il n'y a aucune méthode miracle ni aucune question de conclusion qui garantissent que le client va accepter. C'est ce qui fait la beauté de la vente. C'est rempli d'incertitudes, car il n'y a jamais deux situations identiques.

Chapitre 30

Faites bouger les choses (le suivi)

Oups! il y a un délai. Nous aimerions tous qu'il suffise simplement de présenter notre salade pour que les gens se décident tout de suite, afin de passer à autre chose. La réalité est tout autre. Dans la majorité des cas, les gens ne prennent pas leur décision immédiatement, question de prendre la bonne, évidemment. Alors, que faisons-nous? Nous demeurons sur le qui-vive et nous attendons que le téléphone sonne? C'est une façon de faire, mais moi, je n'aime pas cela et j'essaie de l'éviter le plus souvent possible. Je m'arrange donc pour provoquer les choses en contrôlant le suivi, plutôt que d'être en mode attente.

Je sais bien qu'il y a des domaines où il est difficile d'effectuer un suivi; par exemple, pour un emploi ou une demande de prêt. En général, ces personnes aiment bien contrôler la situation et vous diront qu'elles vous donneront une réponse bientôt. C'est un peu flou, mais c'est comme ça. Au mieux, je vous suggère de vous entendre avec elles afin que la réponse vous soit donnée à une date précise ou, au plus tard, à telle date. Dans ces cas-là, cela peut être une excellente idée d'envoyer un petit mot de remerciement, soit par la poste, soit par courriel, aux acheteurs potentiels pour leur accueil chaleureux lors de la rencontre. C'est facile à faire et c'est toujours apprécié. Qui sait, cela peut peut-être influencer les choses positivement.

À l'exception des situations d'emploi et de prêt, vous devriez toujours, dans le cas où l'acheteur ne prend pas sa décision immédiatement, vous entendre sur une date de suivi. Idéalement, ce suivi devrait être proposé et effectué par vous, car cela démontre votre sérieux et votre détermination face à la proposition que vous venez de lui faire. Voici quelques idées :

1. *Proposez vous-même une date de suivi.* Par exemple : « Est-ce que nous nous entendons pour une réponse finale mardi prochain ? », « Est-ce que vous me permettez de vous rappeler pour finaliser cela ? », « Quand me permettez-vous de vous rappeler pour conclure notre entente ? », « Est-ce que mardi prochain vous irait pour que j'effectue un suivi de ce dossier ? », etc.

2. *Effectuez le suivi au moment prévu.* Respectez votre entente et faites votre suivi au moment précis où vous l'avez convenu. Tout retard ou, pire, tout oubli de votre part ne serait pas de bon augure pour la suite des choses.

3. *Préparez-vous quelques arguments supplémentaires.* Il faut vous préparer à toute éventualité. Il se peut que, lors de votre suivi, l'acheteur ait encore quelques questions ou même des objections. C'est pourquoi vous devriez être prêt en ayant vos arguments en mémoire ou sur une liste à portée de la main.

4. *Prenez une entente sur la prochaine étape.* La réponse est positive. Bravo ! Que fait-on par la suite ? Prenez une entente

immédiatement et, encore une fois, tentez de garder le contrôle du prochain contact.

La réponse est négative. Soit! C'est un peu décevant, mais la terre continue de tourner. Toutefois, je vous suggère de demander à l'acheteur ce qui a justifié sa décision finale. Vous n'aurez peut-être pas la vérité, mais, si c'est le cas, ses raisons vous serviront peut-être à vous améliorer ou à améliorer votre offre de service dans le futur.

Soupçon de VIE-naigrette

Il m'est déjà arrivé – une seule fois, mais c'est quand même arrivé –, en effectuant mon suivi auprès d'une entreprise dont le dirigeant disait devoir rencontrer d'autres fournisseurs de services comme moi, qu'il me dise que son choix s'était porté sur un autre candidat. Je lui ai alors demandé pourquoi et je me suis rendu compte, en l'écoutant, que l'annonce n'avait pas encore été faite à la personne en question. J'ai donc sauté sur l'occasion et lui ai demandé que l'on puisse se rencontrer à nouveau, afin que je lui fasse une autre offre (ce n'était pas une question de prix) avant qu'il prenne sa décision finale. Il a hésité un peu, puis il a accepté. Eh bien, ça a marché, j'ai eu le contrat. La phrase «C'est pas fini tant que c'est pas fini» est bien vraie!

La décision n'est pas encore prise. Pas de panique! Planifiez à nouveau une prochaine date de suivi avec l'accord de l'acheteur. Jusqu'à quel moment peut-on prolonger ce stratagème? Jusqu'à la conclusion finale. S'il faut que vous l'appeliez quatre fois avant qu'il prenne sa décision finale (et Dieu sait que cela m'est arrivé souvent), vous l'appellerez quatre fois. Le succès est à ce prix.

Effectuer un suivi, c'est comme atteindre le deuxième souffle lors d'un marathon. C'est le deuxième effort. C'est le p'tit coup de pouce qui manquait. C'est la tentative ultime. Appelez cela comme vous voulez, si vous prenez l'excellente habitude de toujours faire un suivi en vendant votre salade, vous multiplierez vos ventes de salade.

Chapitre 31

Votre salade est presque prête

Voilà, vous avez la recette, les ingrédients et la façon de les mélanger. Il n'y manque que votre salade. Avez-vous remarqué que, lorsque vous êtes à l'épicerie, devant le comptoir des légumes, vous prenez toujours quelques secondes pour choisir votre salade? Vous la choisissez la plus belle, la plus grosse et la plus fournie. Votre acheteur aura le même réflexe. Il va opter pour la plus belle des salades qui lui sera offerte. Alors, présentez-lui la plus belle salade de votre jardin, celle qui donne le plus envie d'être achetée. Enlevez les petites feuilles jaunes qui ne sont pas belles. Ajoutez-y vos ingrédients secrets. Mélangez le tout avec soin. Goûtez-y avant de la servir et, enfin, partagez-la avec les autres.

La vente a ceci de particulier, c'est une profession basée sur l'altruisme, soit le désir de communiquer avec les autres, de partager avec les autres et d'aider les autres. Un vendeur ne peut pas réussir s'il est égoïste et tourné vers lui. Si vous vendez votre salade avec le désir profond d'aider les autres, vous réussirez!

Conclusion

Je tiens ici à réitérer ma passion absolue pour la profession de vendeur. La vente est le préambule de toutes les carrières réussies. Lorsque l'on prétend que la prostitution est le «plus vieux métier du monde», c'est faux. La fille, pour qu'elle puisse se prostituer, doit d'abord se vendre et vendre ses services. Je sais que les plus taquins d'entre vous en profiteront pour dire que c'est pour cela que la plupart de vendeurs sont des «putains». Je sais, c'est une blague! Selon moi, c'est la vente qui est le plus vieux métier du monde.

Plus sérieusement, en y réfléchissant bien, vous devez probablement votre travail à une vente quelconque. À moins de travailler dans les services publics, votre travail, peu importe ce que vous faites, existe parce que le produit que fabrique la compagnie ou le service que rend l'entreprise pour laquelle vous travaillez est vendu par quelqu'un. Si ce n'était pas le cas, l'entreprise n'existerait plus. C'est pourquoi j'ai le plus grand respect pour les personnes qui vendent parce que, dans le fond, elles aident à créer des emplois. Lorsque Bombardier crée 1000 nouveaux emplois, c'est parce que, quelque part dans le monde, un «vendeur» a conclu une vente avec un acheteur. Nous devrions toujours en être conscients et nous en réjouir chaque fois.

Depuis que le monde est monde, les êtres humains ont partagé des objets entre eux. Par la suite, ce partage est devenu du troc. Mon grand-père donnait des œufs (il avait des poules) à son voisin, qui lui donnait en retour, à l'occasion, un porcelet pour abattre. Le labeur de l'un en échange du labeur de l'autre. De nos jours, ces échanges sont devenus du commerce entre les individus, entre les régions, entre les pays, mais, à la base, c'est toujours la même notion de partage qui prévaut.

The sky is the limit (Vers d'autres sommets)

Vous avez maintenant une nouvelle corde à votre arc, celle d'avoir la capacité de vous vendre aux autres. C'est cependant à vous que revient la responsabilité d'utiliser ce nouvel atout ou de le laisser sombrer dans l'oubli. Dans la vie, ce n'est pas ce que nous savons qui nous fait réussir, mais bien ce que nous faisons avec ce que nous savons.

En maîtrisant la capacité de vous vendre, vous venez de vous ouvrir la porte de toutes les possibilités. Il n'en tient qu'à vous d'y pénétrer et d'atteindre de nouveaux sommets.

C'est ce que je vous souhaite de tout cœur.

Bonnes ventes !

Message spécial au monde de l'enseignement secondaire

J'avoue avoir toujours entretenu le rêve que ce genre de livre (qui apprend aux gens à se vendre) puisse, un jour, être distribué et même enseigné dans les écoles secondaires. Je comprends très bien que de par leur nature, les gens qui sont dans le domaine de l'éducation (dans les écoles ou au Ministère) n'ont pas, *a priori*, une personnalité de vendeur. Ce faisant, ce type d'enseignement a toujours été relégué aux oubliettes. Quel dommage!

Je suggère que cela change et qu'on permette aux jeunes des prochaines générations d'apprendre à l'école à se vendre plutôt qu'à la dure école de la vie. Que ce soit mon livre ou celui d'autres auteurs n'est pas important. Ce qui l'est, c'est que ça devienne réalité. Quand vient le temps de choisir une carrière et de faire son chemin dans la vie, nos jeunes ont besoin par-dessus tout d'avoir la capacité de se vendre et vendre leurs idées.

Je prends donc l'initiative de donner gratuitement un livre à chaque école qui en fera la demande, en communiquant au 1 800 361-0666.

Puisse ce geste se répercuter dans nos futurs programmes scolaires.

Guy Bourgeois
gbourgeois@formax.qc.ca

Bibliographie

DEMERS, Jacques et LECLERC, Mario. *En toutes lettres*, Montréal, Stanké, 2005.

MILLER, Saul. *Exceller sous pression*, Montréal, Éditions de l'Homme, 1993.

PECK, Docteur Scott. *Le chemin le moins fréquenté*, Paris, J'ai Lu, 1991.

SAMSON, Alain. *La simplicité involontaire*, Montréal, Transcontinental, 2006.

ZIGLAR, Zig. *Performance maximum*, Brossard, Un monde différent, 1990.

Table des matières

Troisième partie
Allez vendre votre salade

Achevé d'imprimer au Canada
sur papier Enviro 100% recyclé
sur les presses de Imprimerie Lebonfon Inc.

certifié   procédé   100 % post-   archives   énergie
            sans   consommation   permanentes   biogaz
            chlore